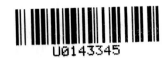

赵体集字创作指南

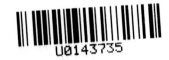

三门记 胆巴碑

卢中南 主编

cns PUBLISHING & MEDIA | 湖南美术出版社
全 国 百 佳 图 书 出 版 单 位

图书在版编目（CIP）数据

赵体集字创作指南. 三门记胆巴碑 / 卢中南主编.
—长沙：湖南美术出版社，2016.12
（集字创作指南）
ISBN 978-7-5356-7952-9

Ⅰ.①赵… Ⅱ.①卢… Ⅲ.①楷书-法帖-中国-元代
Ⅳ.①J292.33

中国版本图书馆 CIP 数据核字(2016)第 326553 号

Zhao Ti Jizi Chuangzuo Zhinan San Men Ji Danba Bei
赵体集字创作指南 三门记胆巴碑

出版人：黄 啸
主 编：卢中南
编 委：陈 麟 倪丽华 汪 仕
秦 丹 齐 飞 王晓桥
责任编辑：彭 英
责任校对：王玉蓉
装帧设计：张楚维
出版发行：湖南美术出版社
（长沙市东二环一段 622 号）
经 销：全国新华书店
印 刷：成都祥华印务有限责任公司
（成都市郫都区现代工业港南片区华港路 19 号）
开 本：787×1092 1/12
印 张：7
版 次：2016 年 12 月第 1 版
印 次：2019 年 8 月第 3 次印刷
书 号：ISBN 978-7-5356-7952-9
定 价：20.00 元

邮购联系：028-85939832 邮编：610041
网 址：http://www.scwj.net
电子邮箱：contact@scwj.net
如有倒装、破损、少页等印装质量问题，请与印刷厂联系斢换。
联系电话：028-85939809

出版说明

“朝临石门铭，暮写二十品。辛苦集为联，夜夜泪湿枕。”近代书法大家于右任先生的这首诗既指出了“集字”在书法学习中所起到的从“临摹”到“创作”的重要过渡作用，又道出了前人为“集字难”所苦的辛酸经历。虽然集字不易，但时至今日它仍是公认的最有效的书法学习方法。因此，我们为广大书法学习者、书法培训班学员以及书法水平等级考试或书法展赛的参与者编写了这套实用性极强的“集字创作指南”丛书。

本丛书选取了书法学习中最常见的八种经典碑帖，各成一册，借助先进的数位图像技术，由专家对选字笔画进行精心润饰后组成一幅幅完整的书法作品。对于作品中有而所选碑帖中没有的字，以同一书家其他碑帖中风格相近的字代替；如未找到风格相近的字，则用所选碑帖中出现的笔画偏旁拼合成字，并力求与原帖风格保持统一。内容上，每册集字创作指南均涵盖二字、四字、十字、十四字、二十字、二十八字和四十字作品，其幅式涉及横披、斗方、中堂、条幅、对联、扇面等基本形式，以期在最大程度上满足读者们多样化、差异化的书法创作需求。

希望本丛书能够对您的书法学习有所助益！

编　者

2016 年 12 月

目录

书法作品的常见幅式

横披

横披又叫“横幅”，一般指宽度是长度的两倍或两倍以上的横式作品。字数不多时，从右到左写成一行，字距略小于左右两边的空白。字数较多时竖写成行，各行从右写到左。常用于书房或厅堂侧的布置。

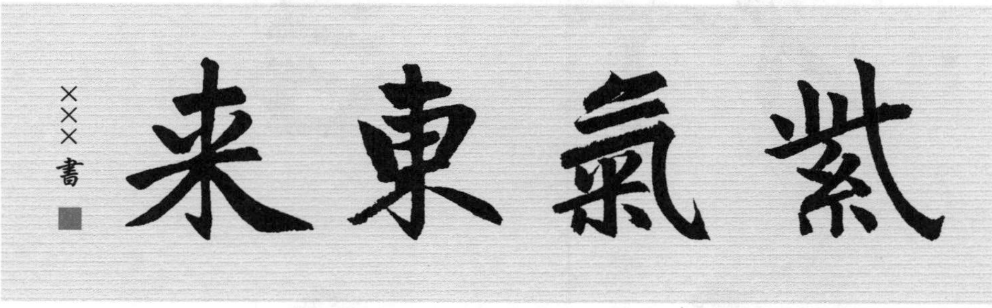

斗方

斗方是指长宽尺寸相等或相近的作品形式。斗方四周留白大致相同，落款位于正文左边，款识上下不宜与正文平齐，以避免形式呆板。

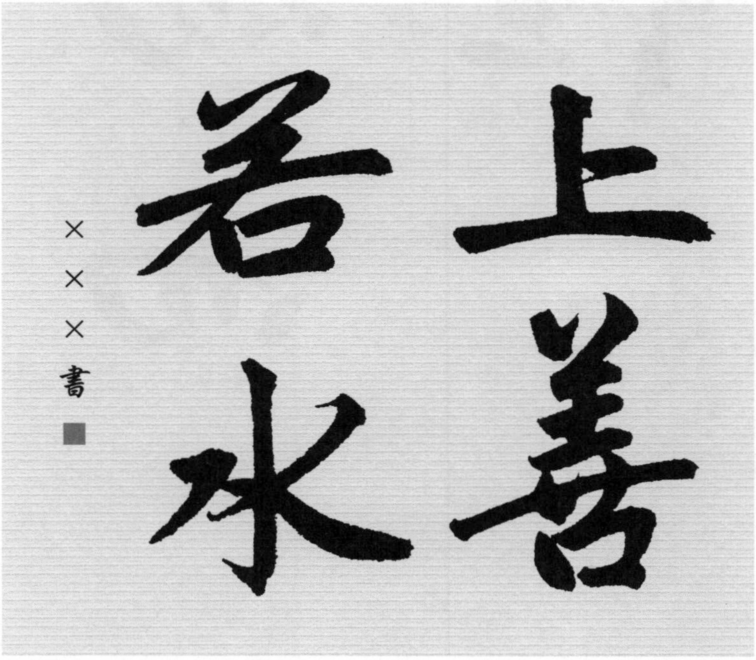

中堂

中堂是尺幅较大的竖式作品，长度通常接近宽度的两倍，常以整张宣纸（四尺或三尺）写成，多悬挂于厅堂正中。

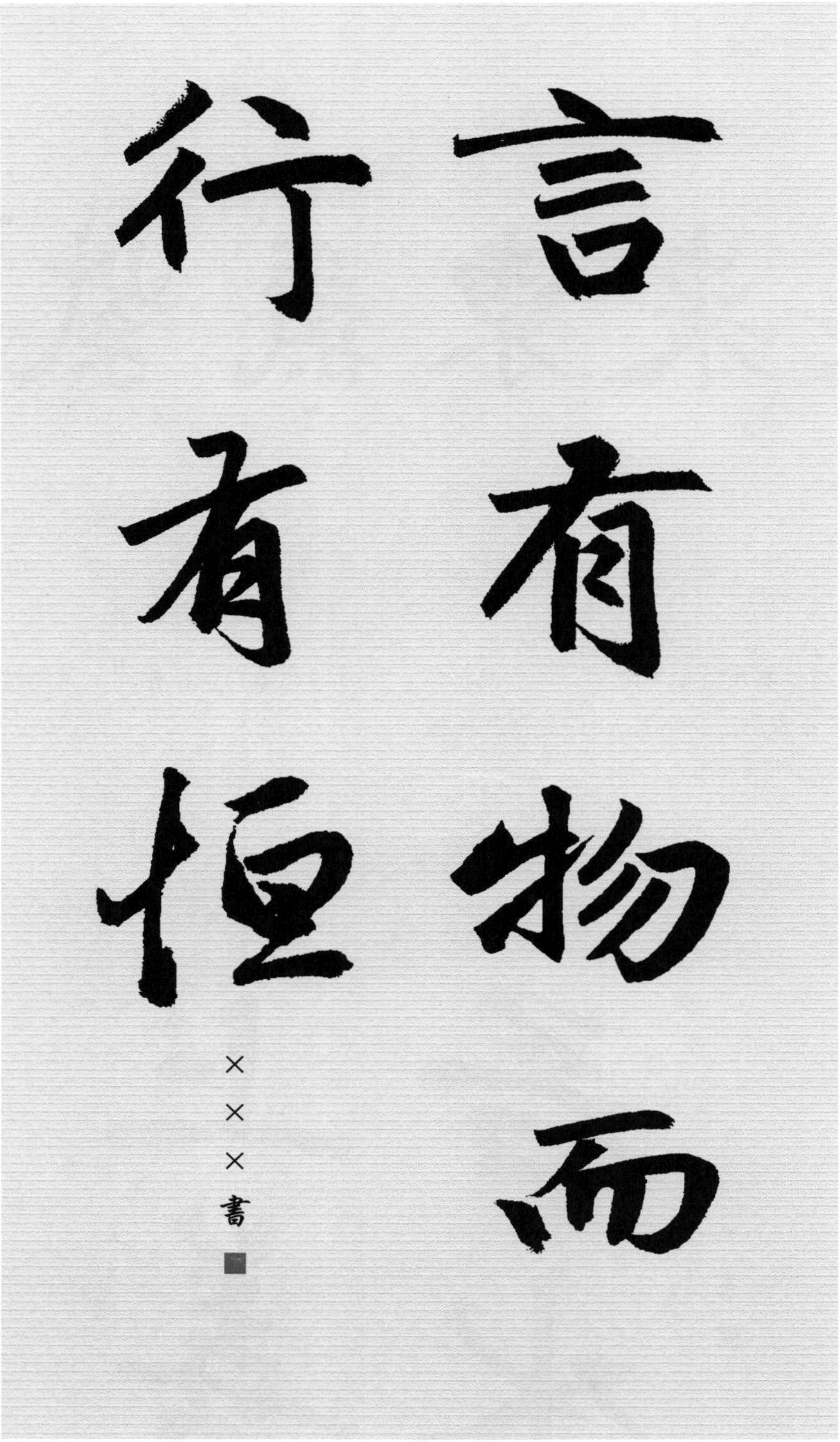

条幅

条幅是宽度不及中堂的竖式作品，长度是宽度的两倍以上，以四倍于宽度的最为常见，通常以整张宣纸竖向对裁而成。条幅适用面最广，一般斋、堂、馆、店皆可悬挂。

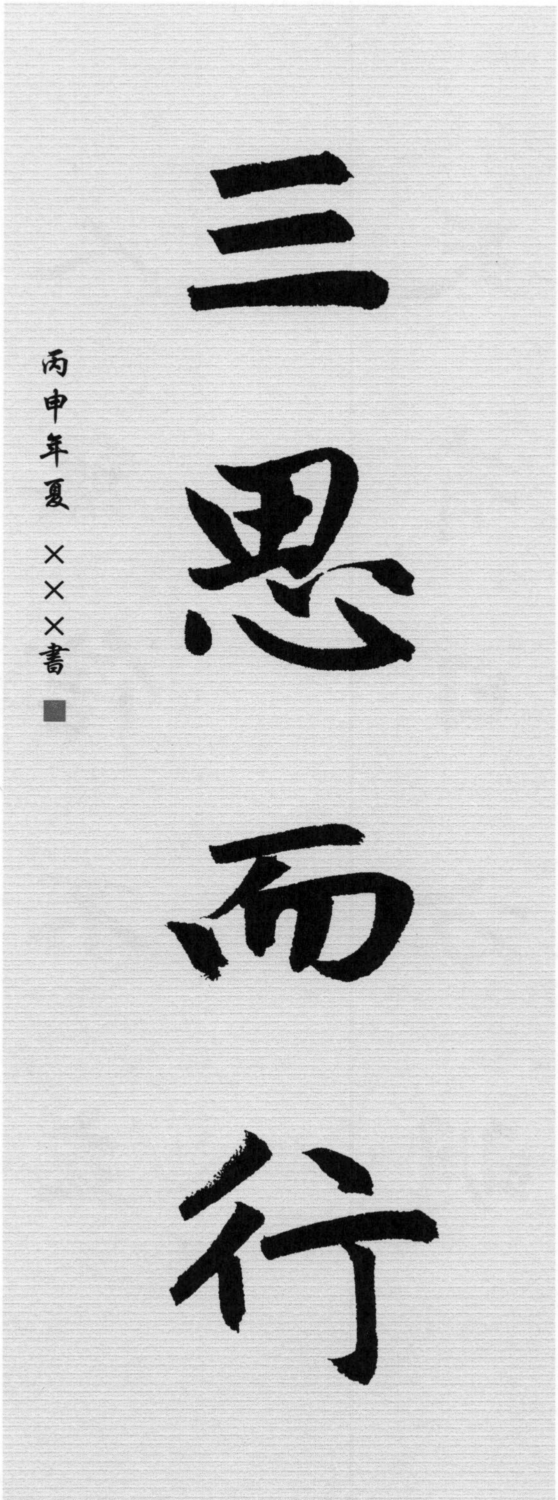

对联

对联又叫“楹联”，是用两张相同的条幅书写一组对偶语句所组成的书法作品形式。上联居右，下联居左。字数不多的对联，单行居中竖写。布局要求左右对称，天地对齐，上下承接，相互对比，左右呼应，高低齐平。上款写在上联右边，位置较高；下款写在下联左边，位置稍低。只落单款时，则写在下联左边中间偏上的位置。对联多悬挂于中堂两边。

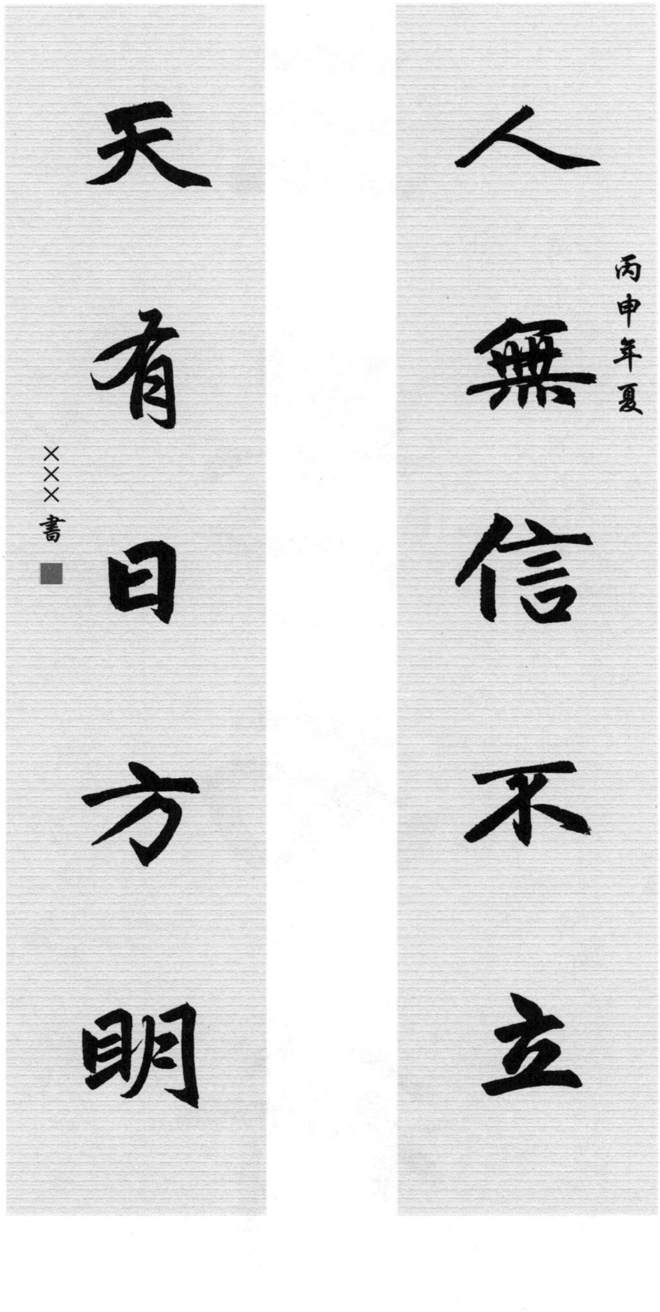

扇面

扇面可分为团扇扇面和折扇扇面。

团扇扇面的形状多为圆形，其作品可随形写成圆形，也可写成方形，或半方半圆，其布白变化丰富，形式多种多样。

折扇扇面形状上宽下窄，有弧线，有直线，形式多样。可利用扇面宽度，由右到左写 2~4 字；也可采用长行与短行相间，每两行留出半行空白的方式，写较多的字，在参差变化中，写出整齐均衡之美；还可以在上端每行书写二字，下面留大片空白，最后落一行或几行较长的款，来打破平衡，以求参差变化。

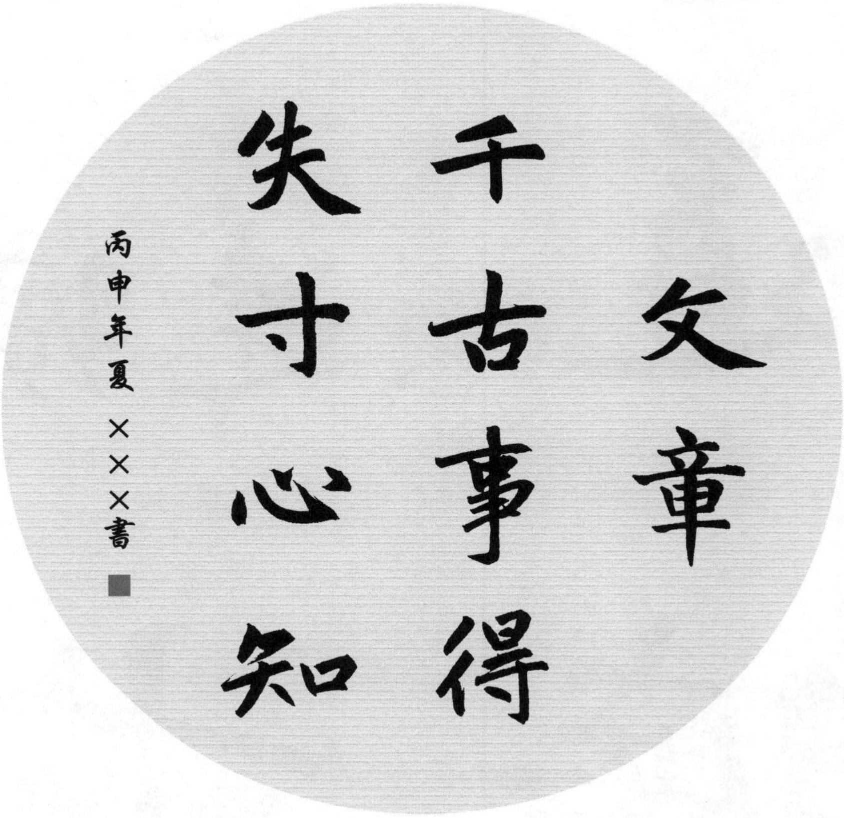

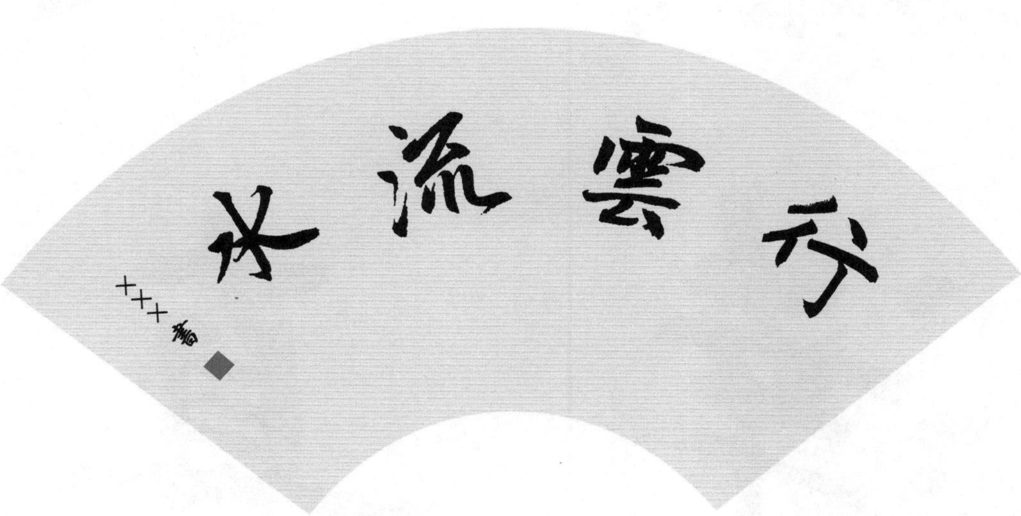

二字作品

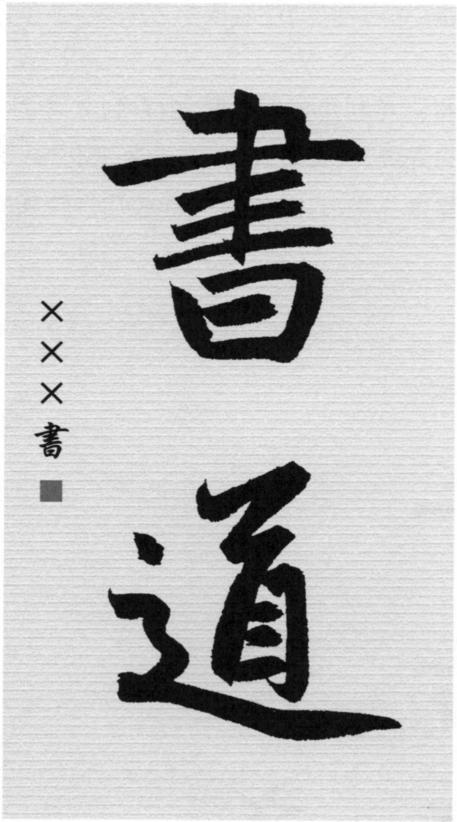

中　堂

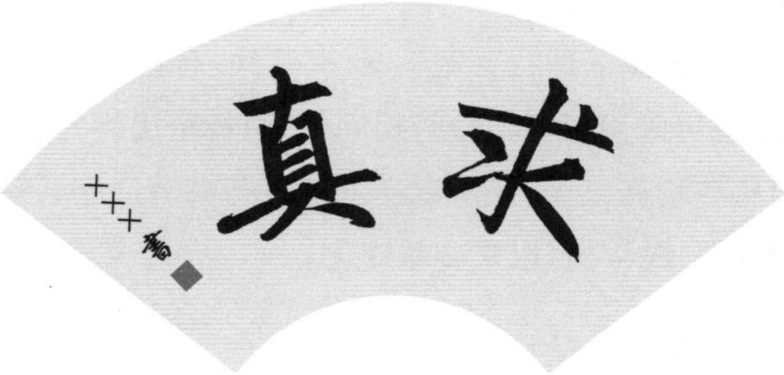

扇　面

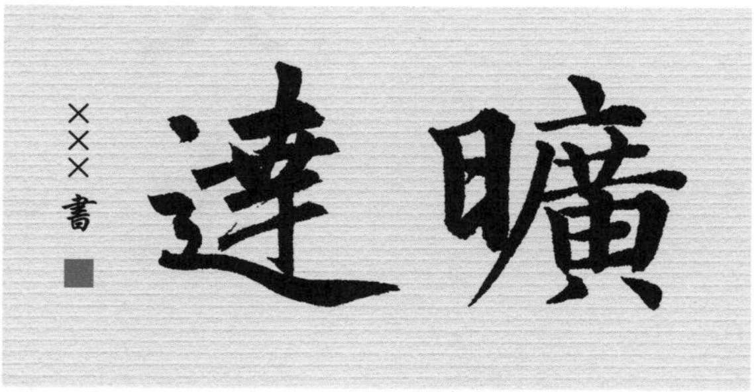

横　披

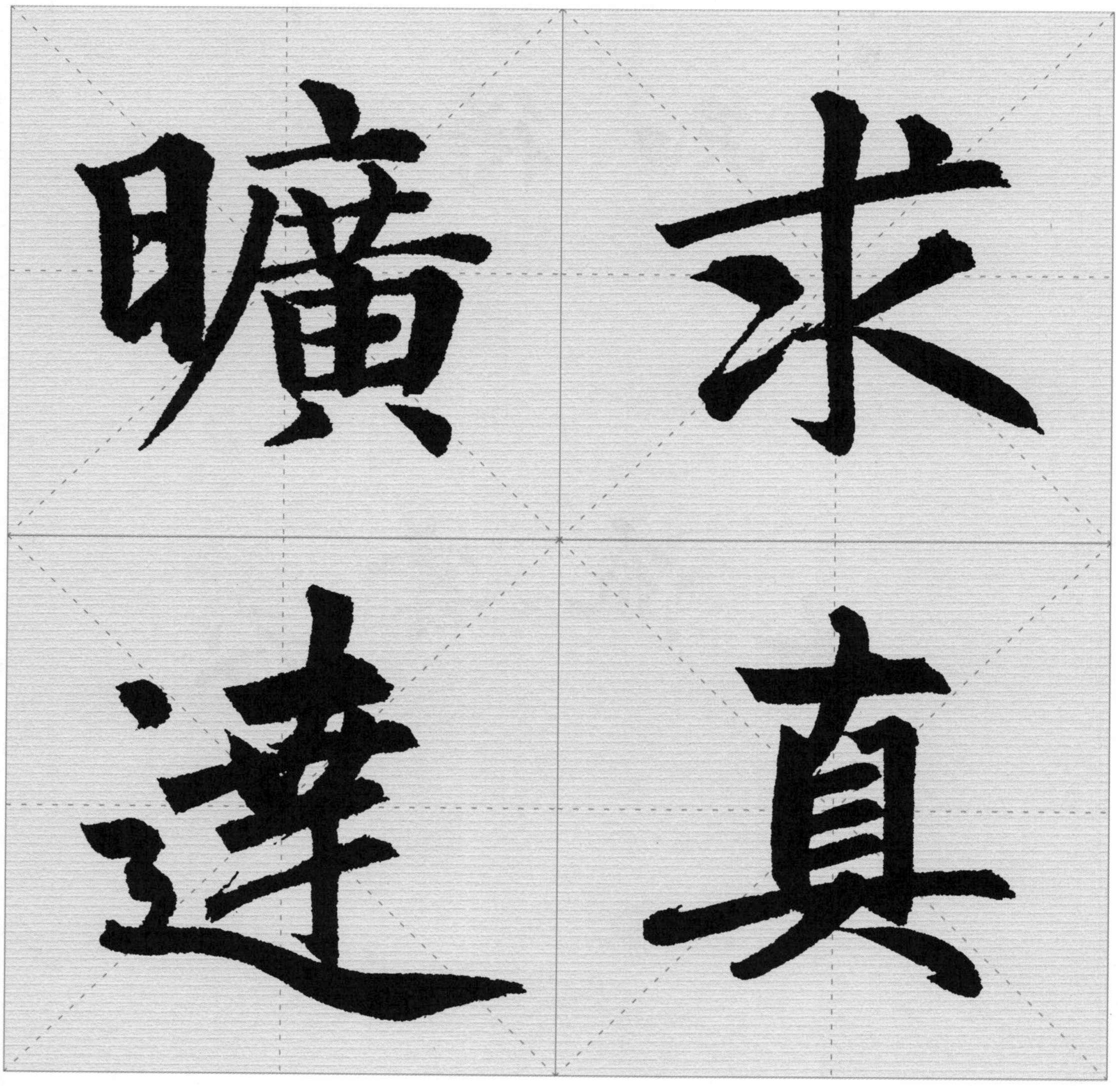

求真　旷达

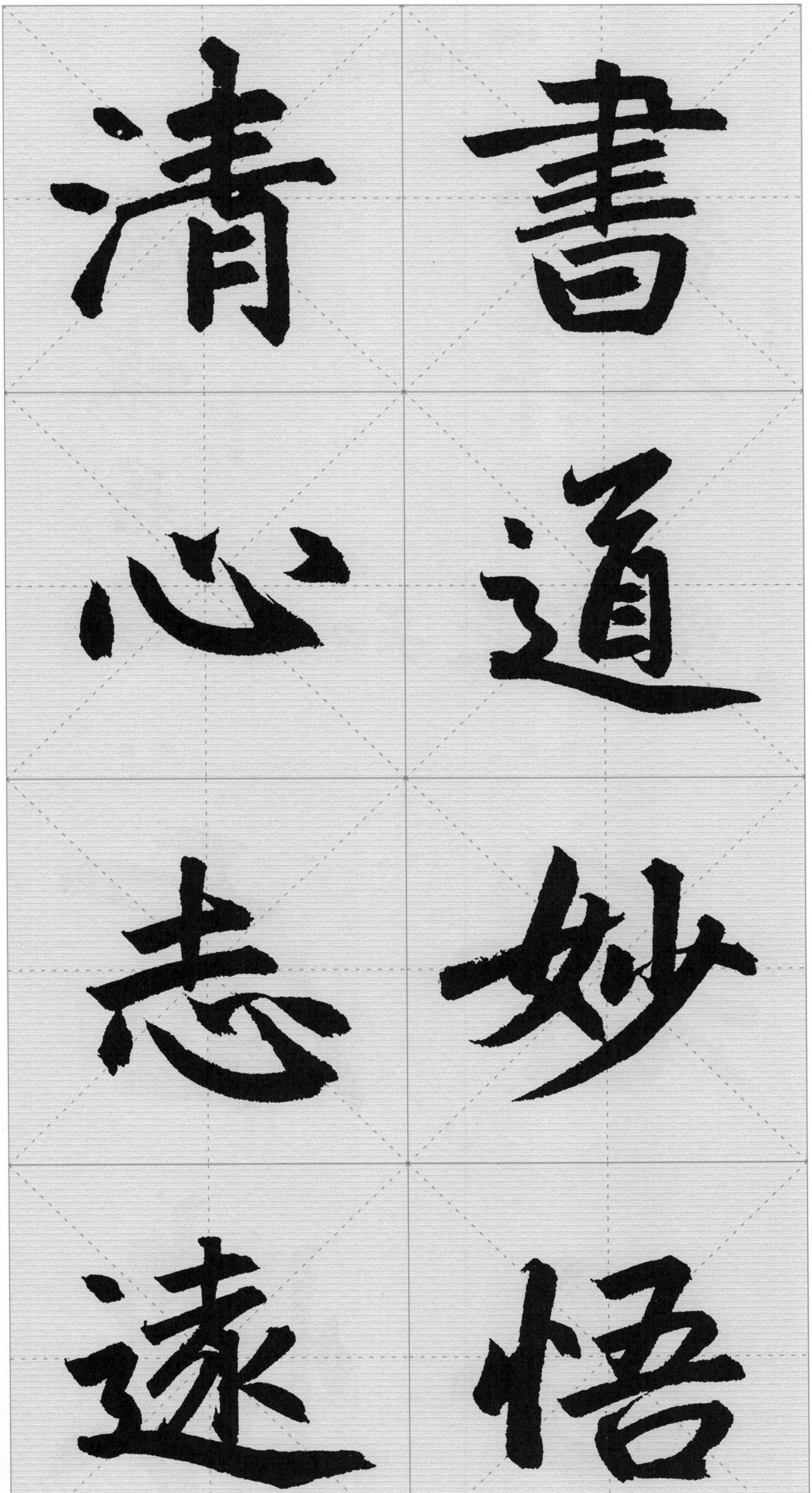

书道　妙悟　清心　志远

四字作品

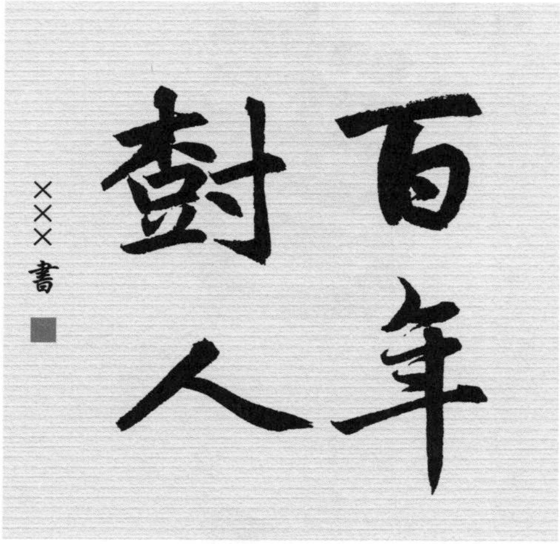

斗　方

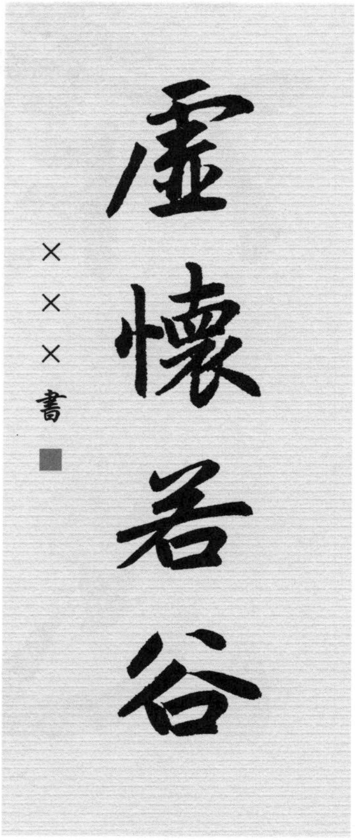

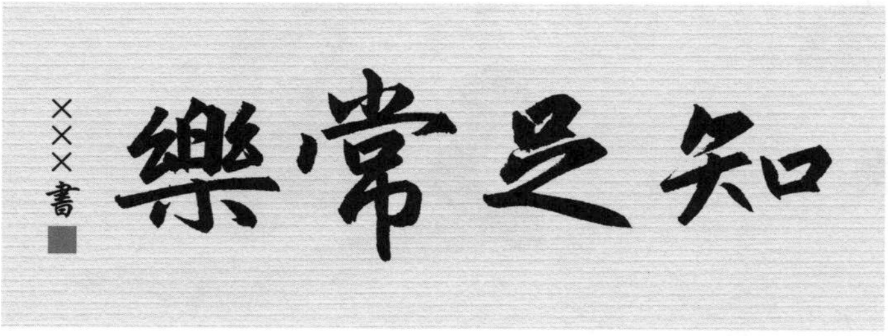

横　披

条　幅

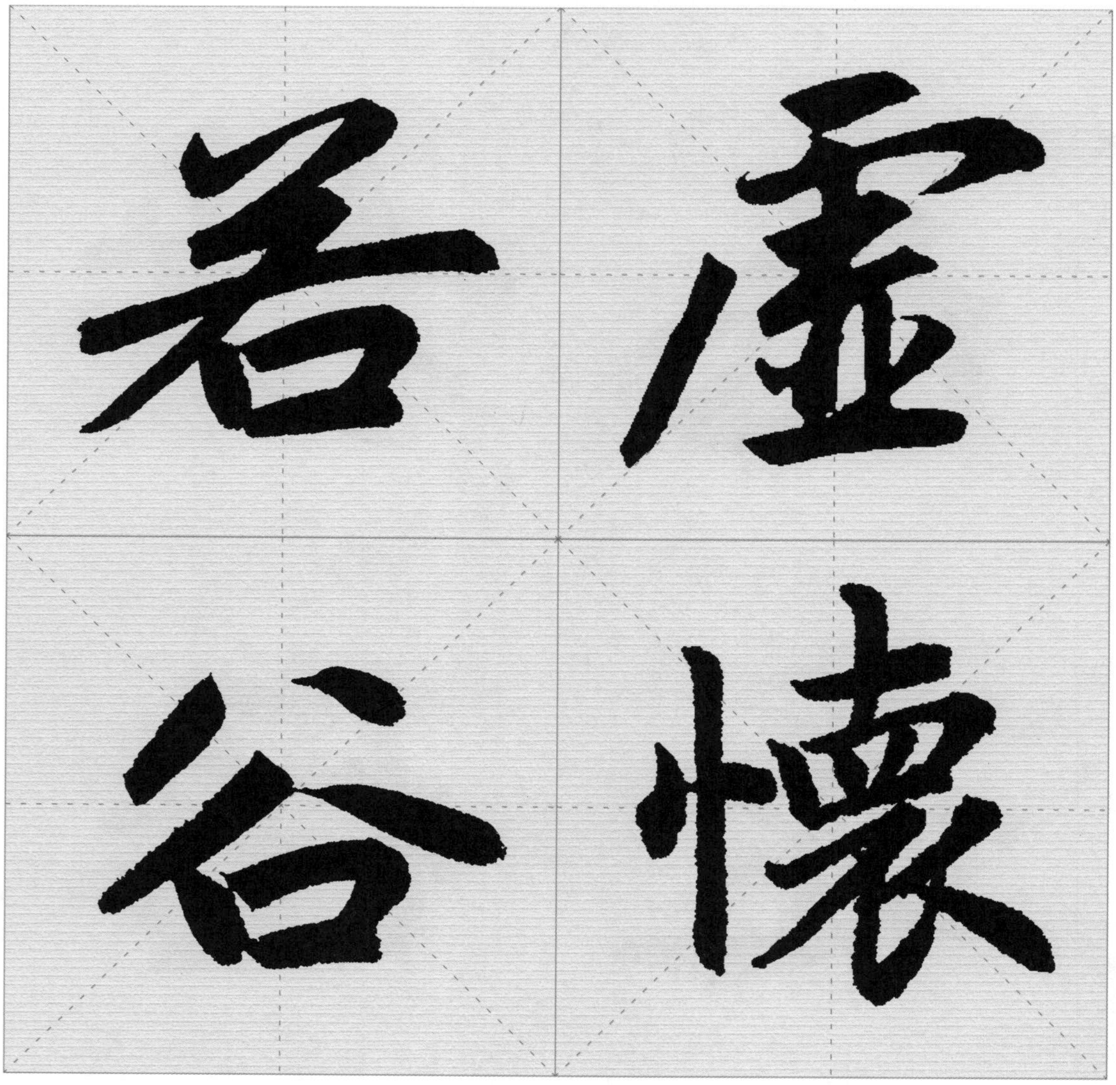

虚怀若谷

百年樹人

知足常樂

百年树人　知足常乐

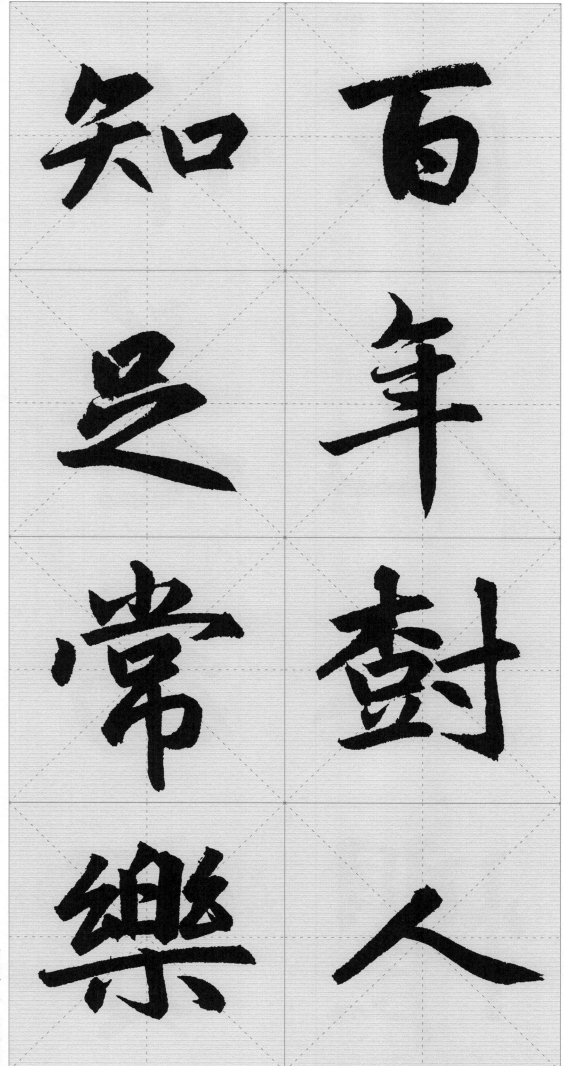

惟善爲寶
臨危不懼

惟善为宝　临危不惧

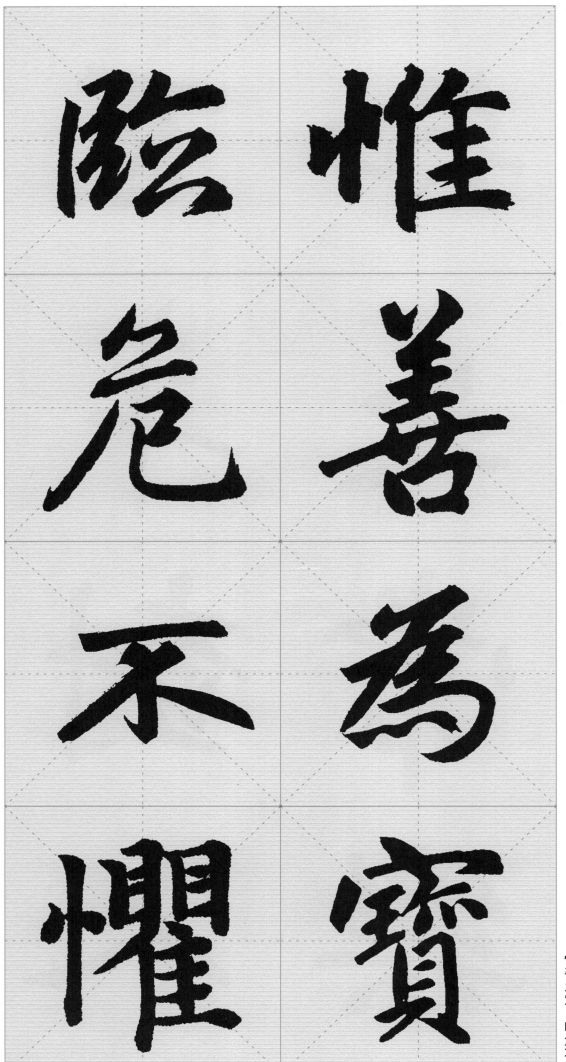

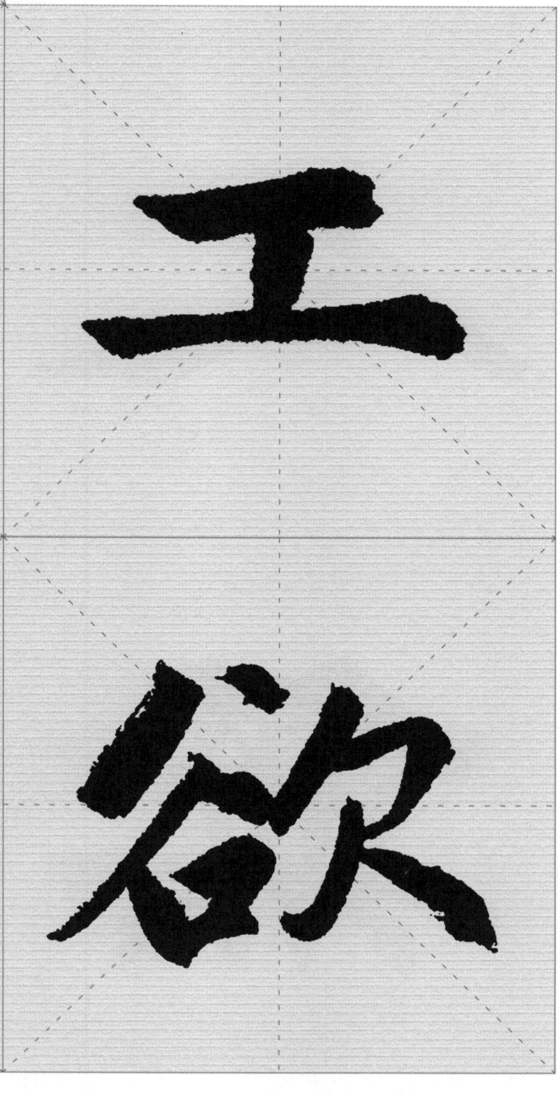

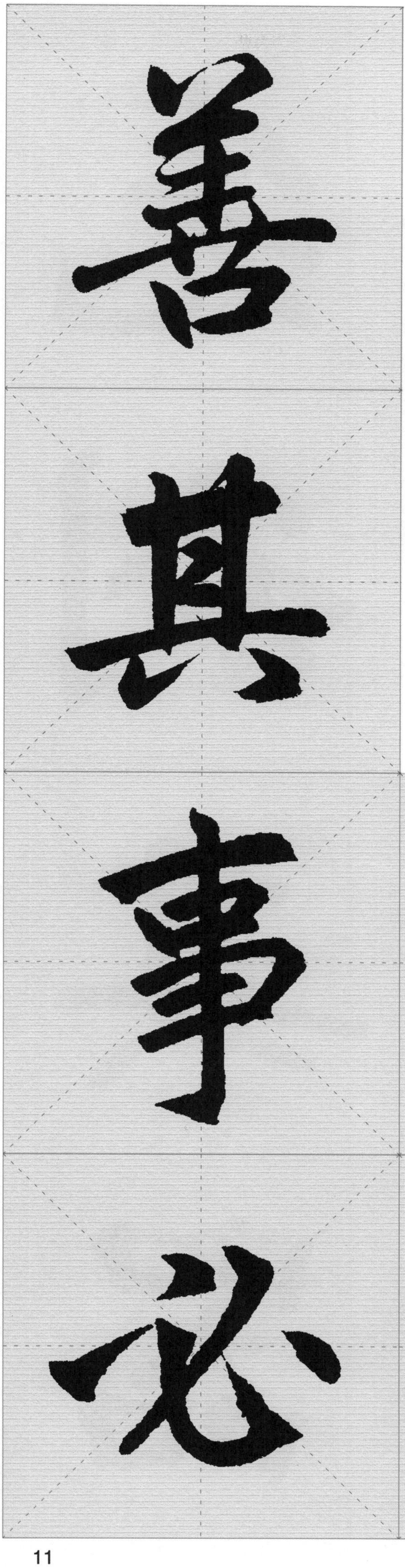

十字作品

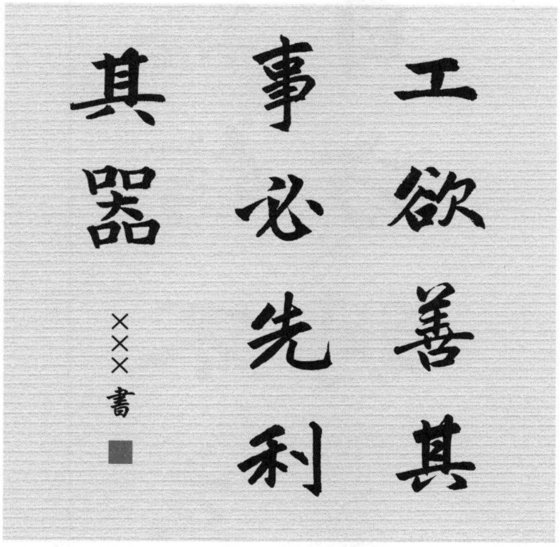

斗　方

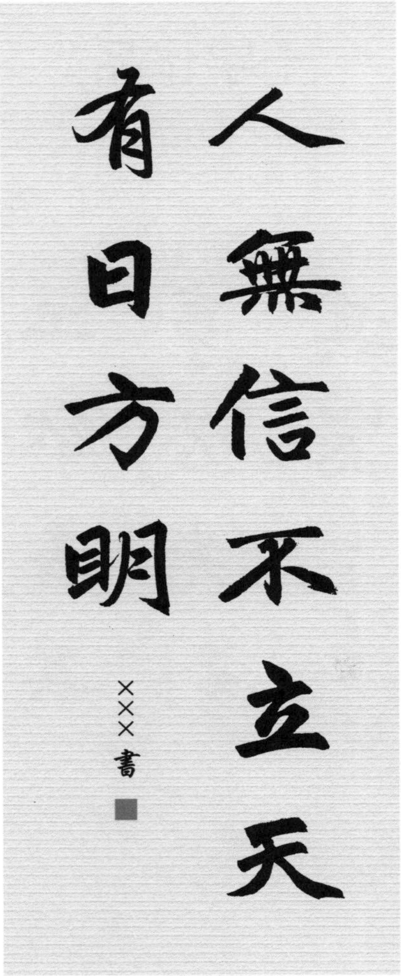

条　幅

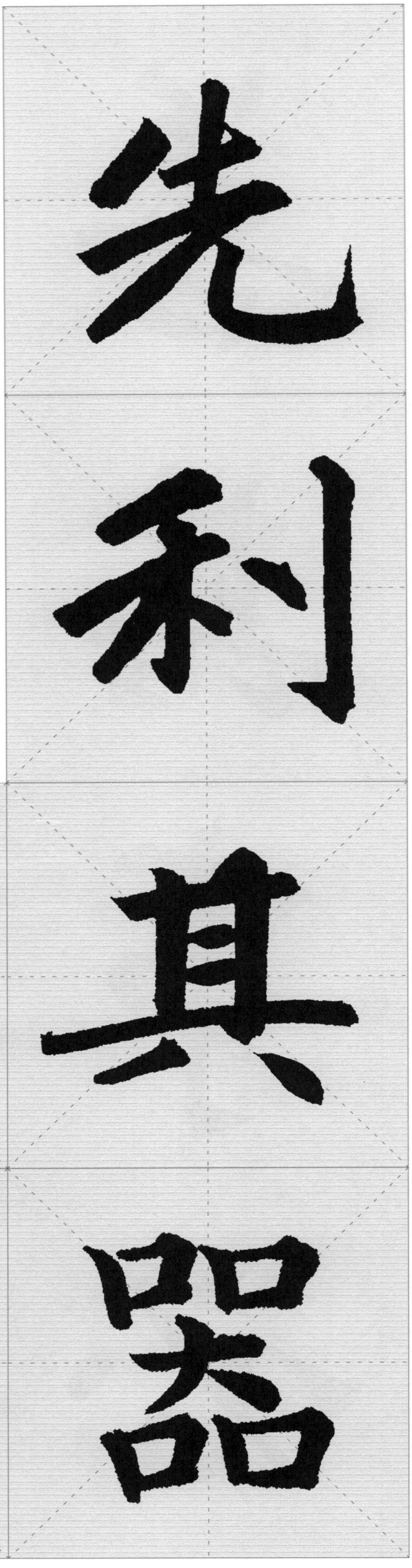

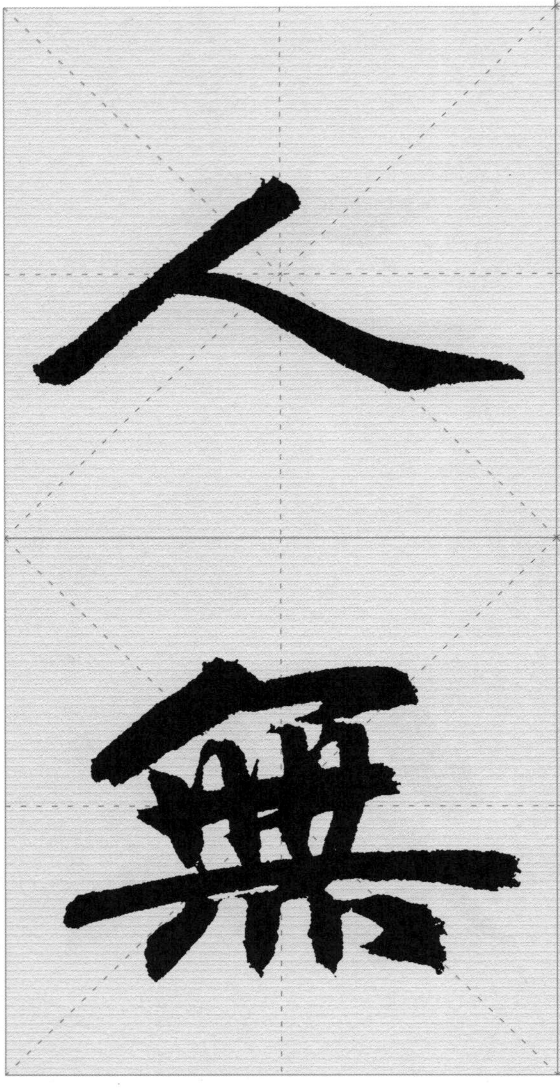

先利其器　人无

信不立天
有日方明

信不立，天有日方明

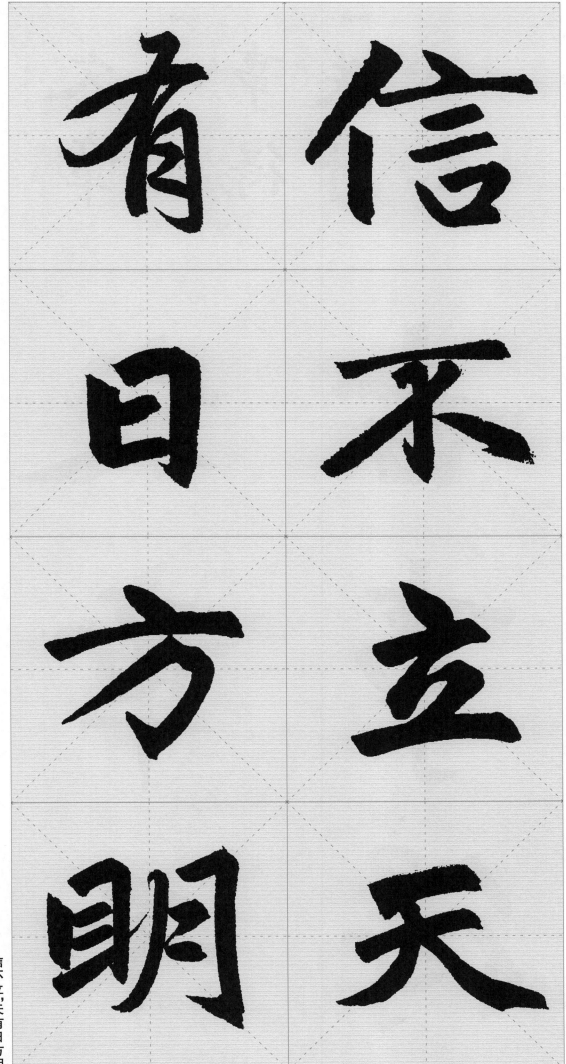

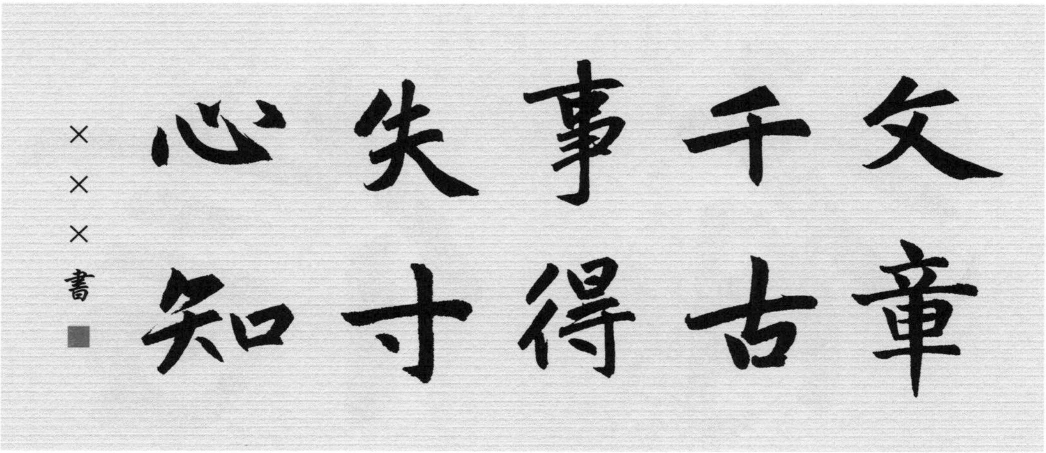

横 披

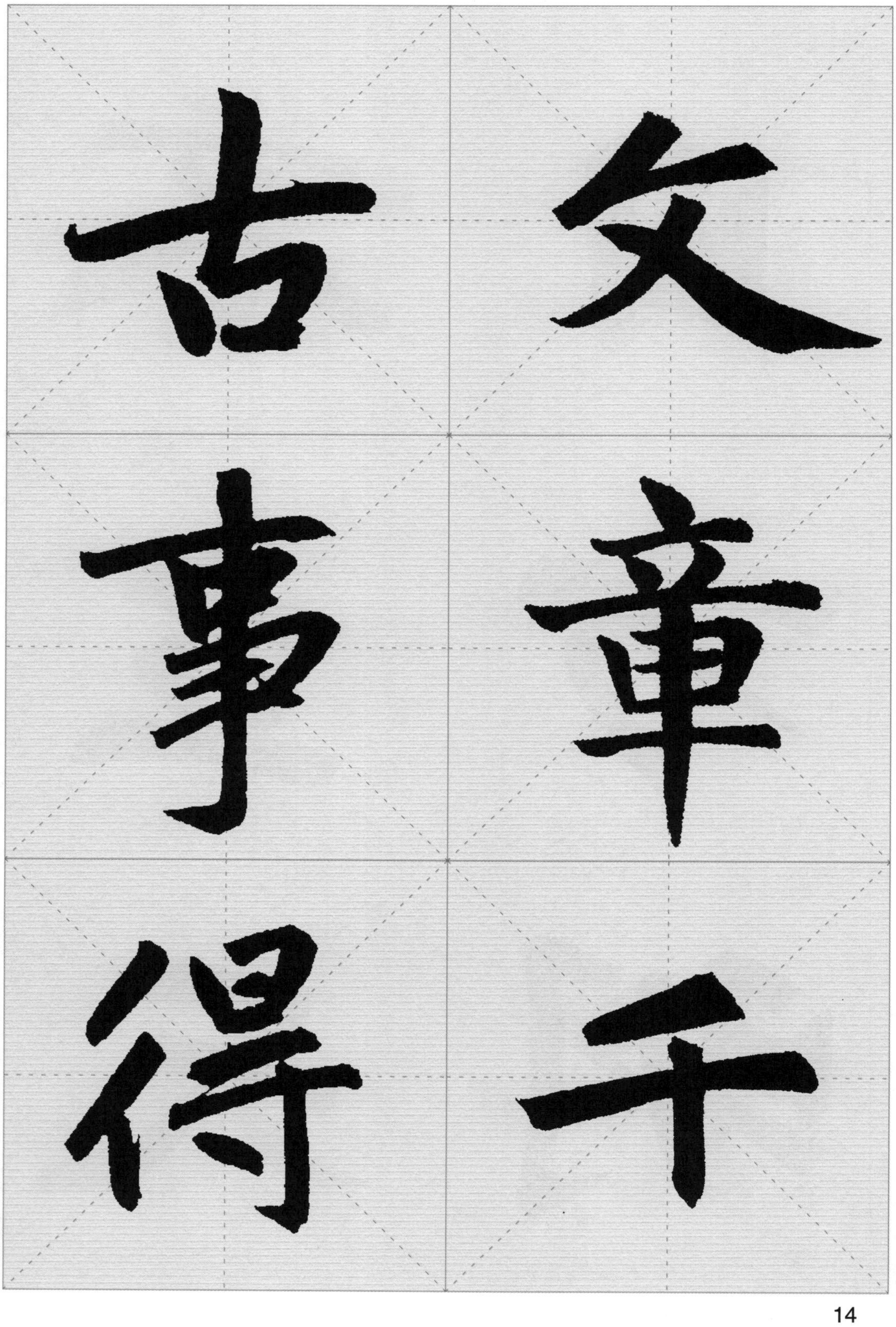

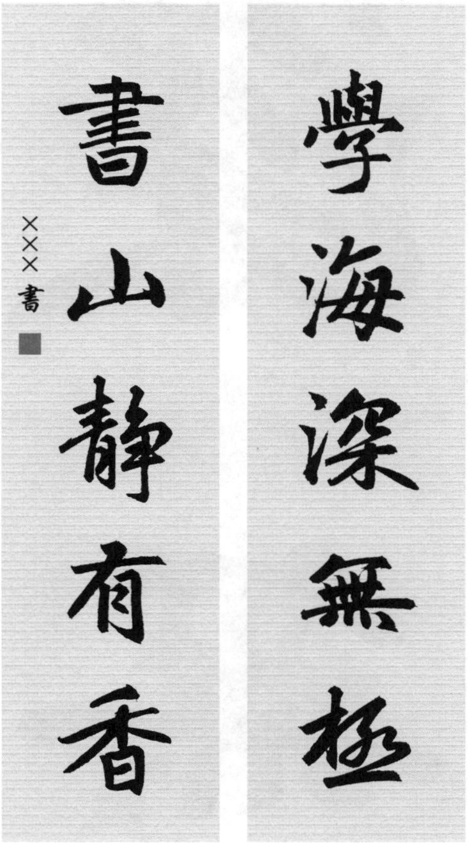

对 联

失寸心知

學海

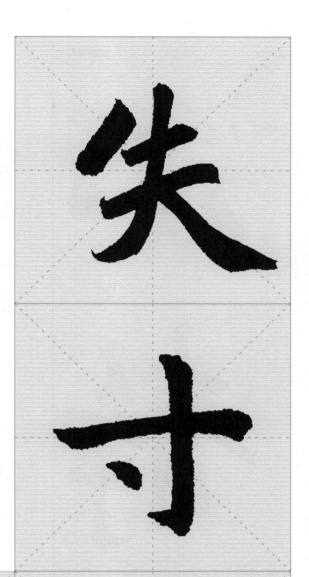

深無極書
山靜有香

深无极，书山静有香

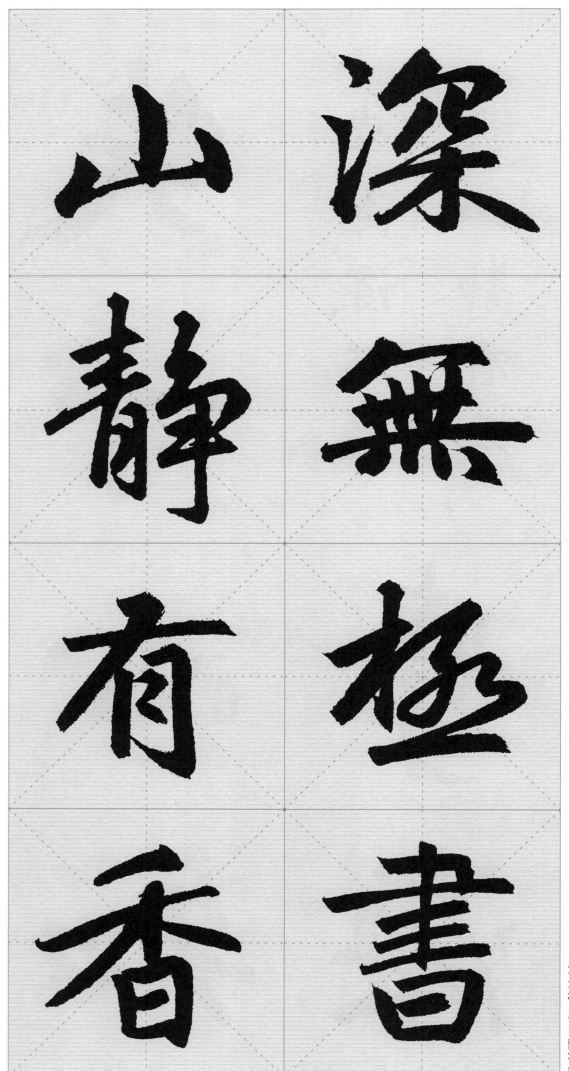

十四字作品

春風大雅能容物

秋水文章不染塵

×××書

对联

春風

大雅能容

物
秋
水
文
章
不
染
塵

物，秋水文章不染尘

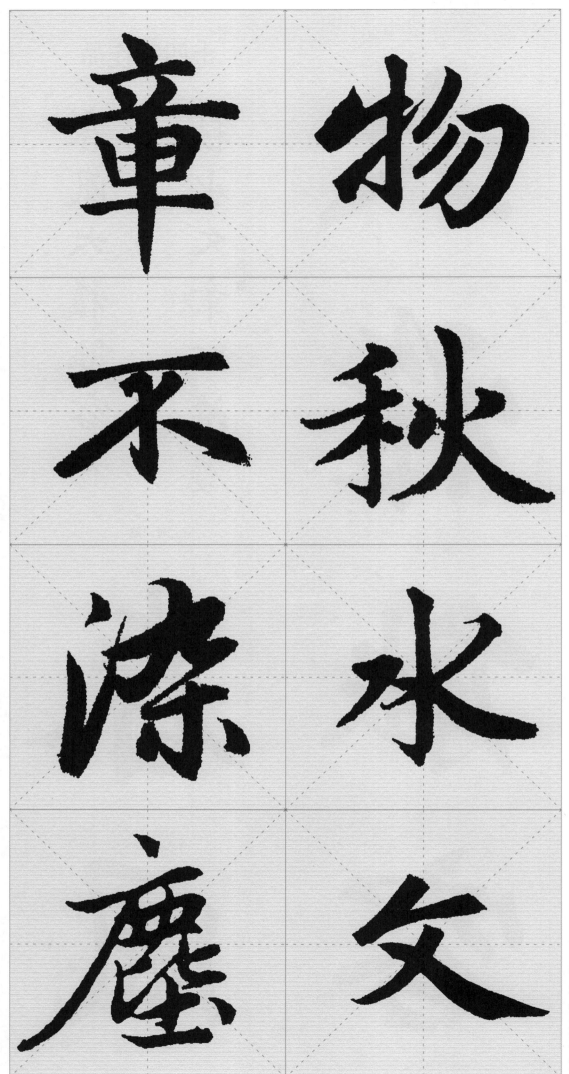

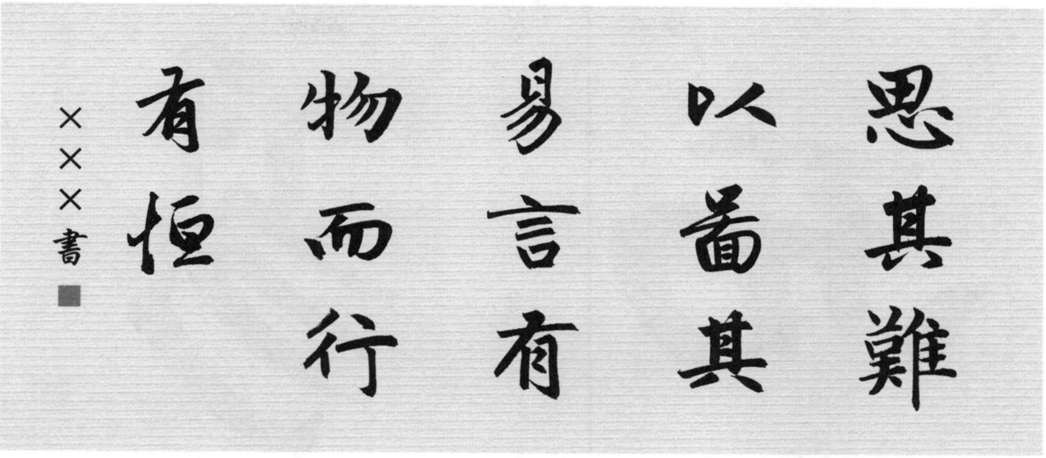
思其難以圖其易言有物而行有恒
×××書

横 披

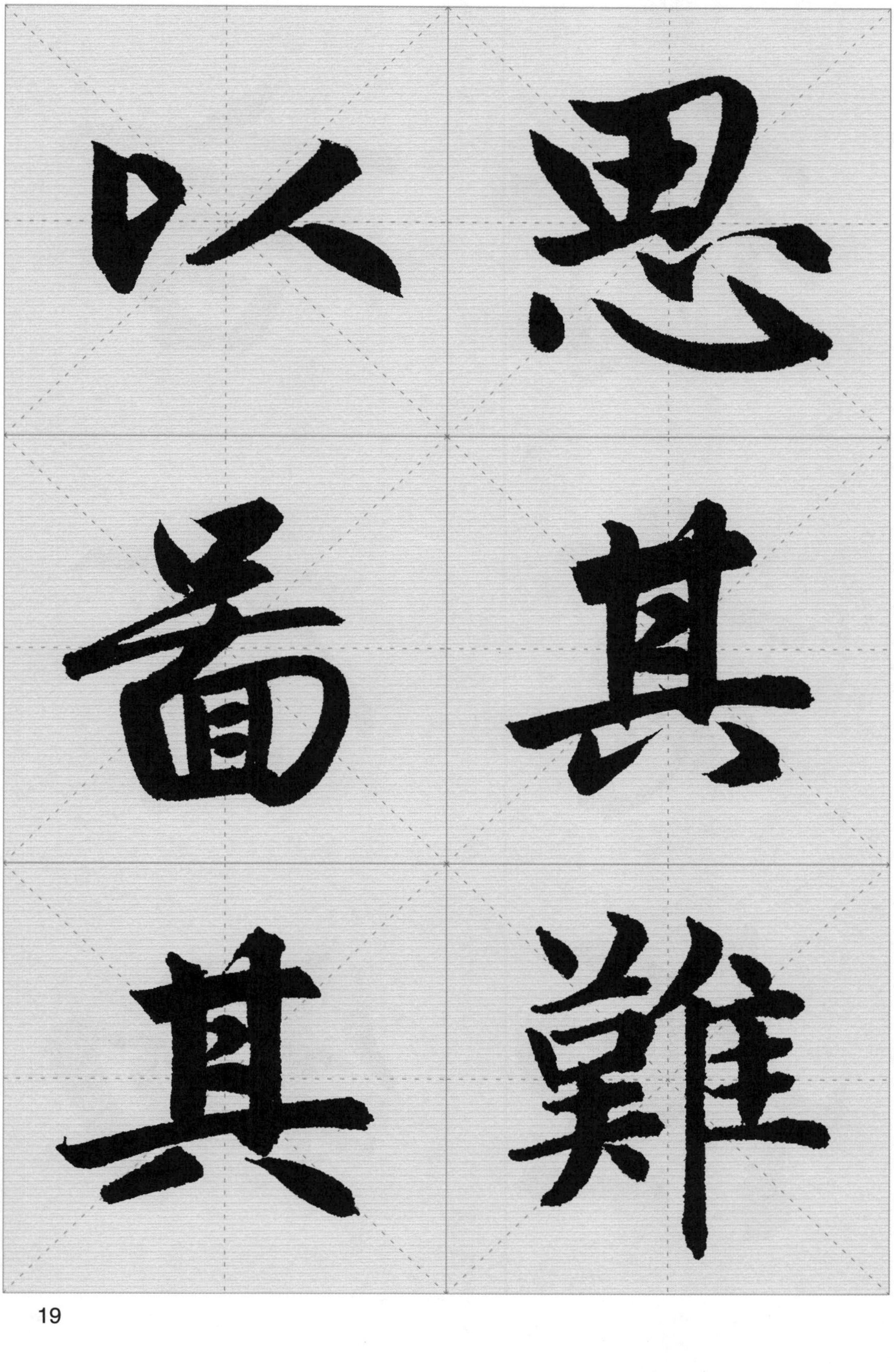
思其難以圖其

思其难以图其

易言有物

而行有恒

易，言有物而行有恒

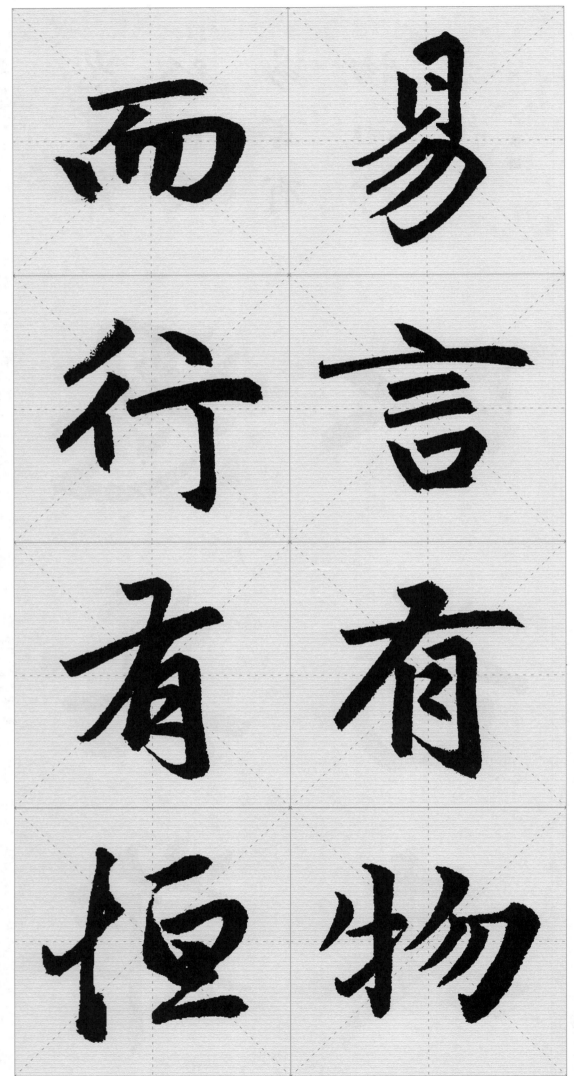

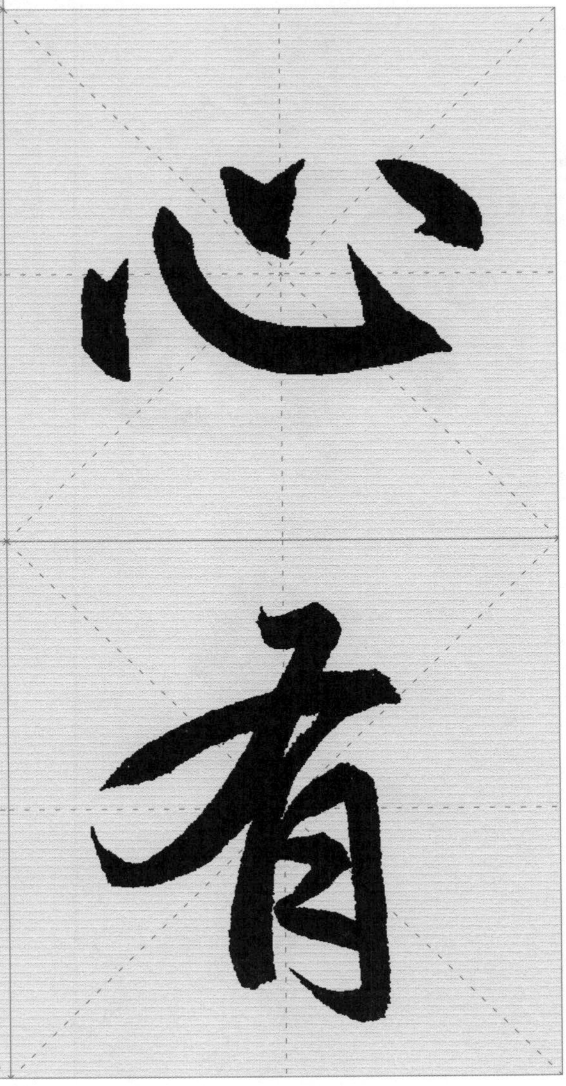

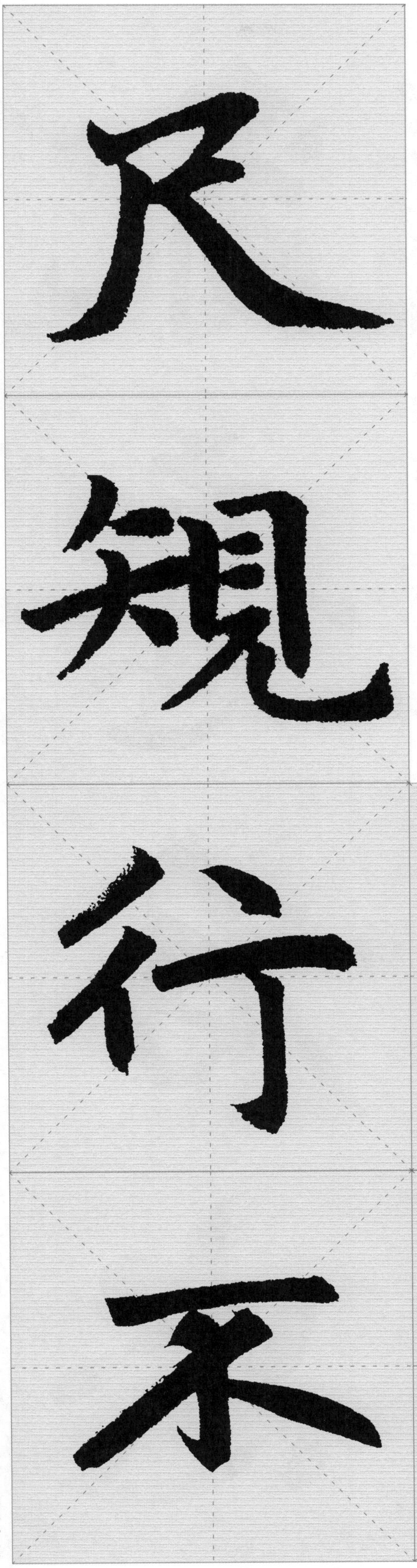

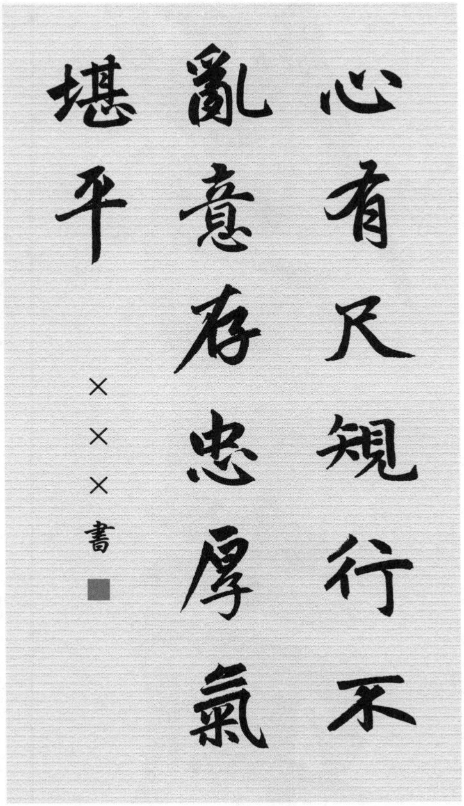

中堂

心有尺规行不

亂意存忠
厚氣堪平

乱，意存忠厚气堪平

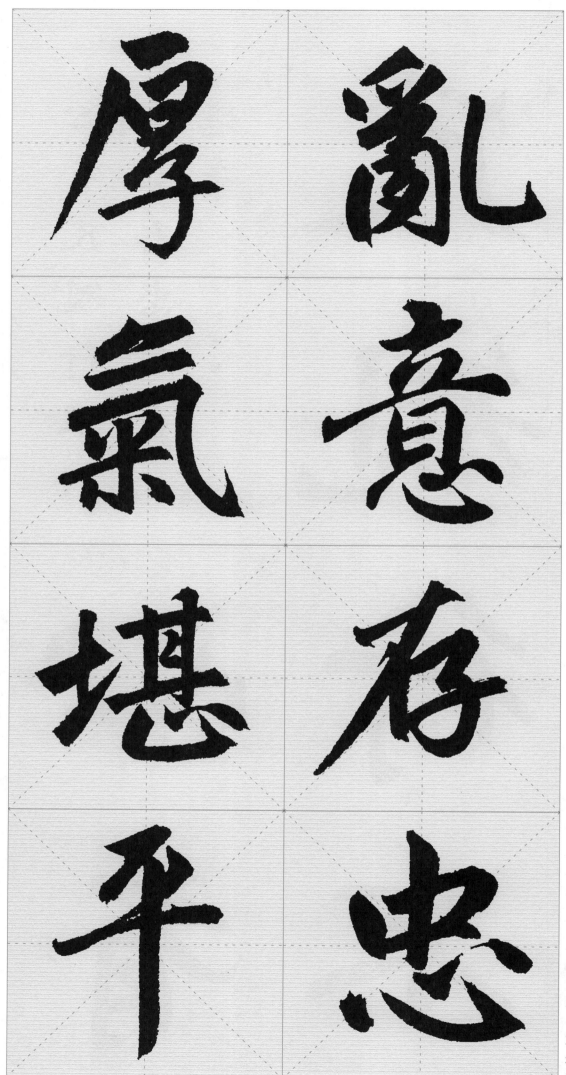

二十字作品

《八阵图》（杜甫）

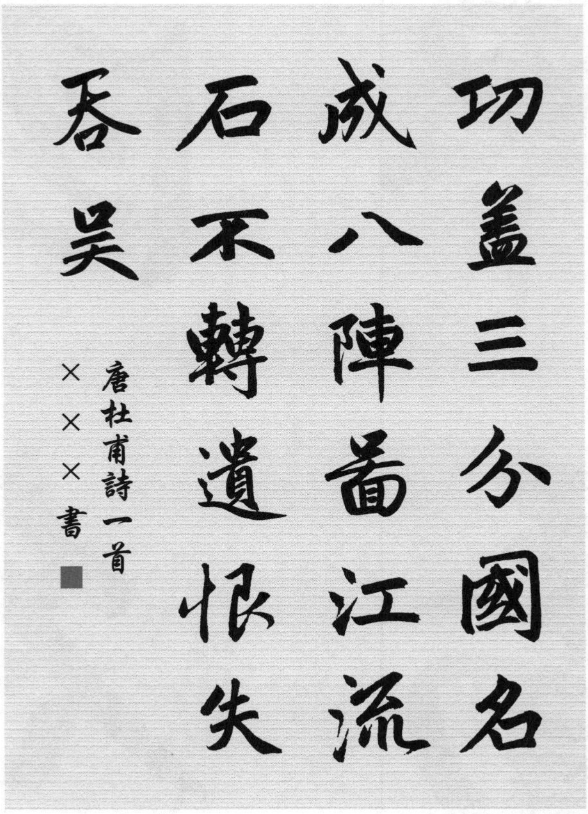
功蓋三分國名成八陣圖江流石不轉遺恨失吞吳
唐杜甫詩一首
×××書

中　堂

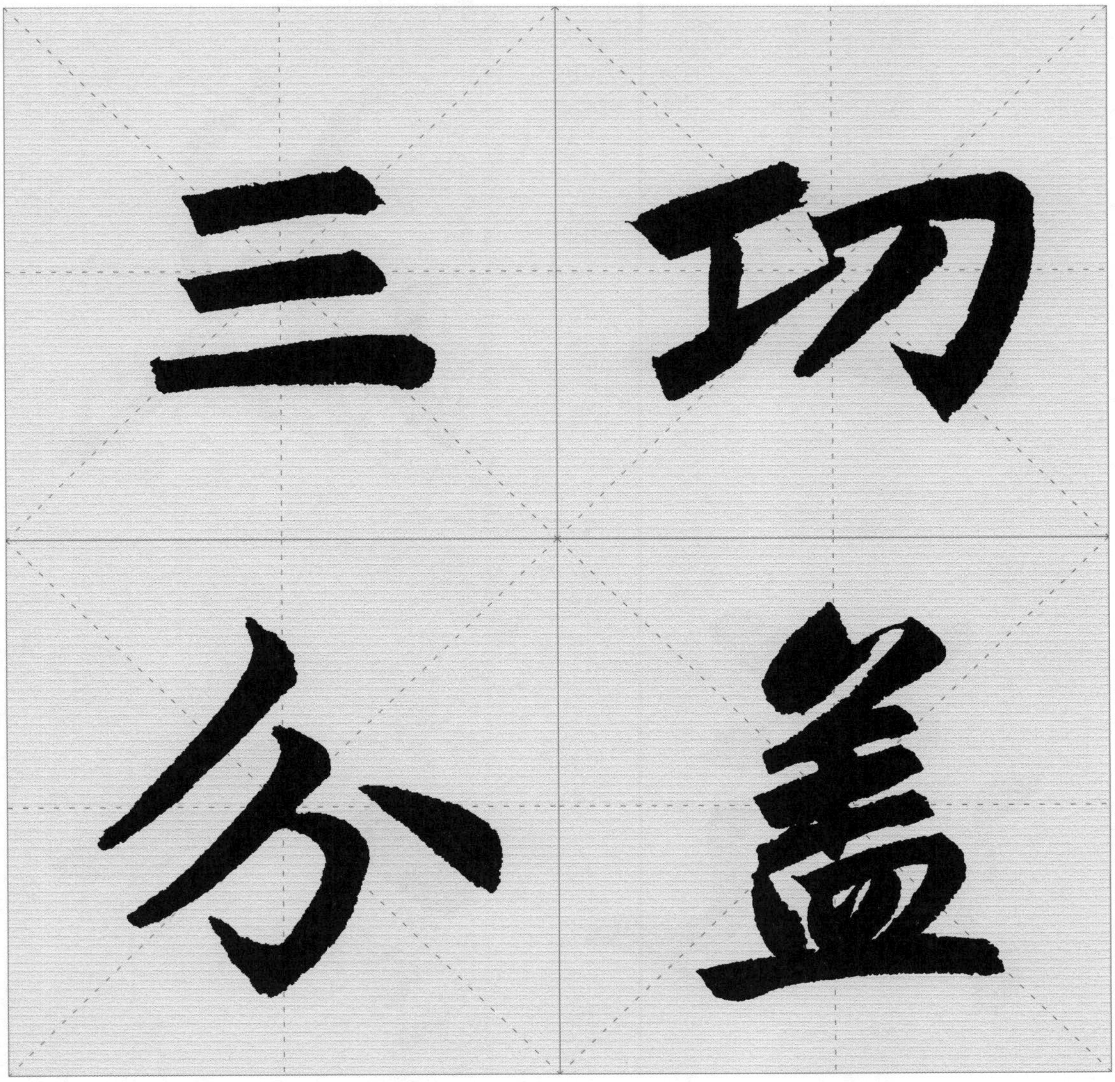
功蓋三分

功盖三分

國名成八
陣圖江流

国，名成八阵图。江流

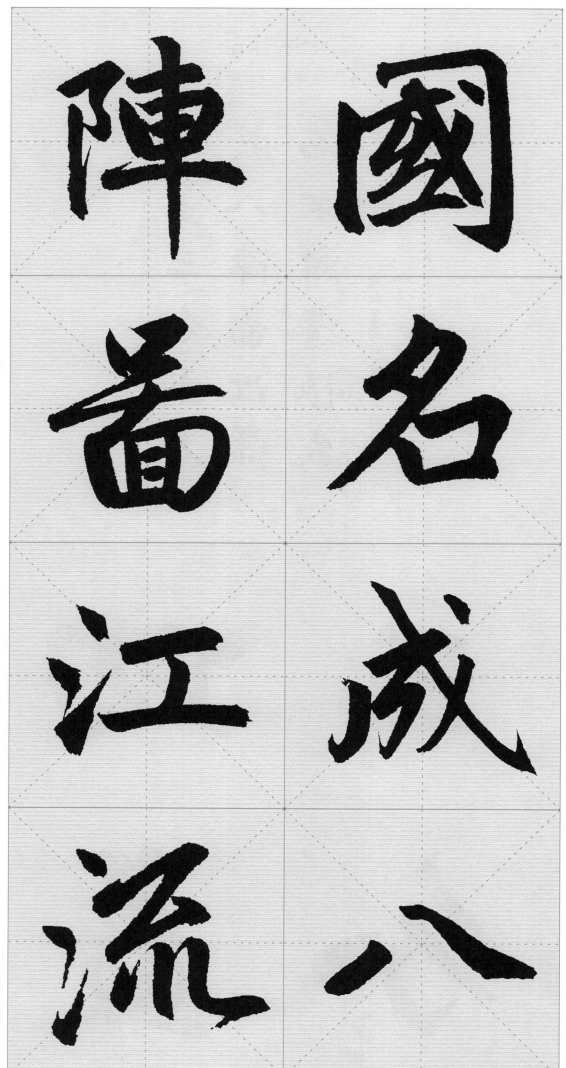

石不轉遺
恨失吞吳

石不转，遗恨失吞吴。

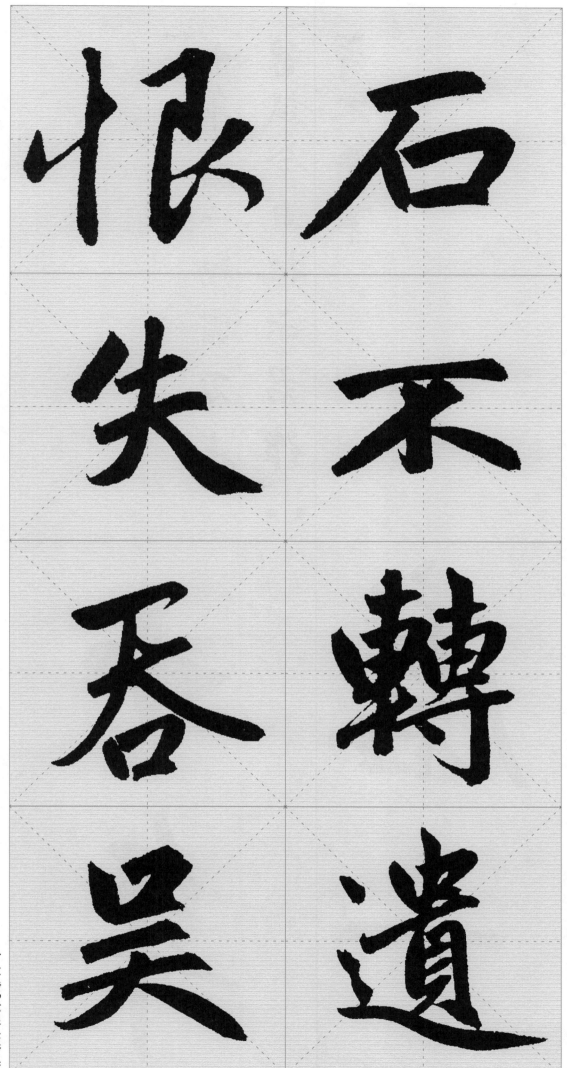

《剑客》（贾岛）

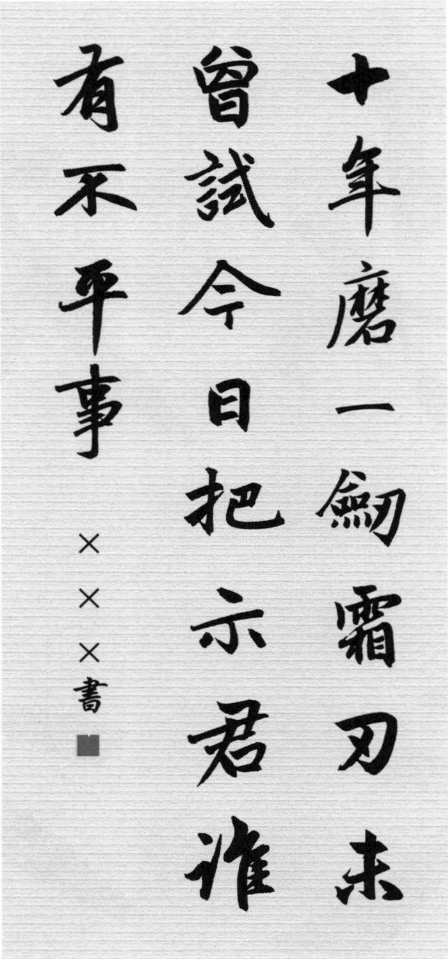

条　幅

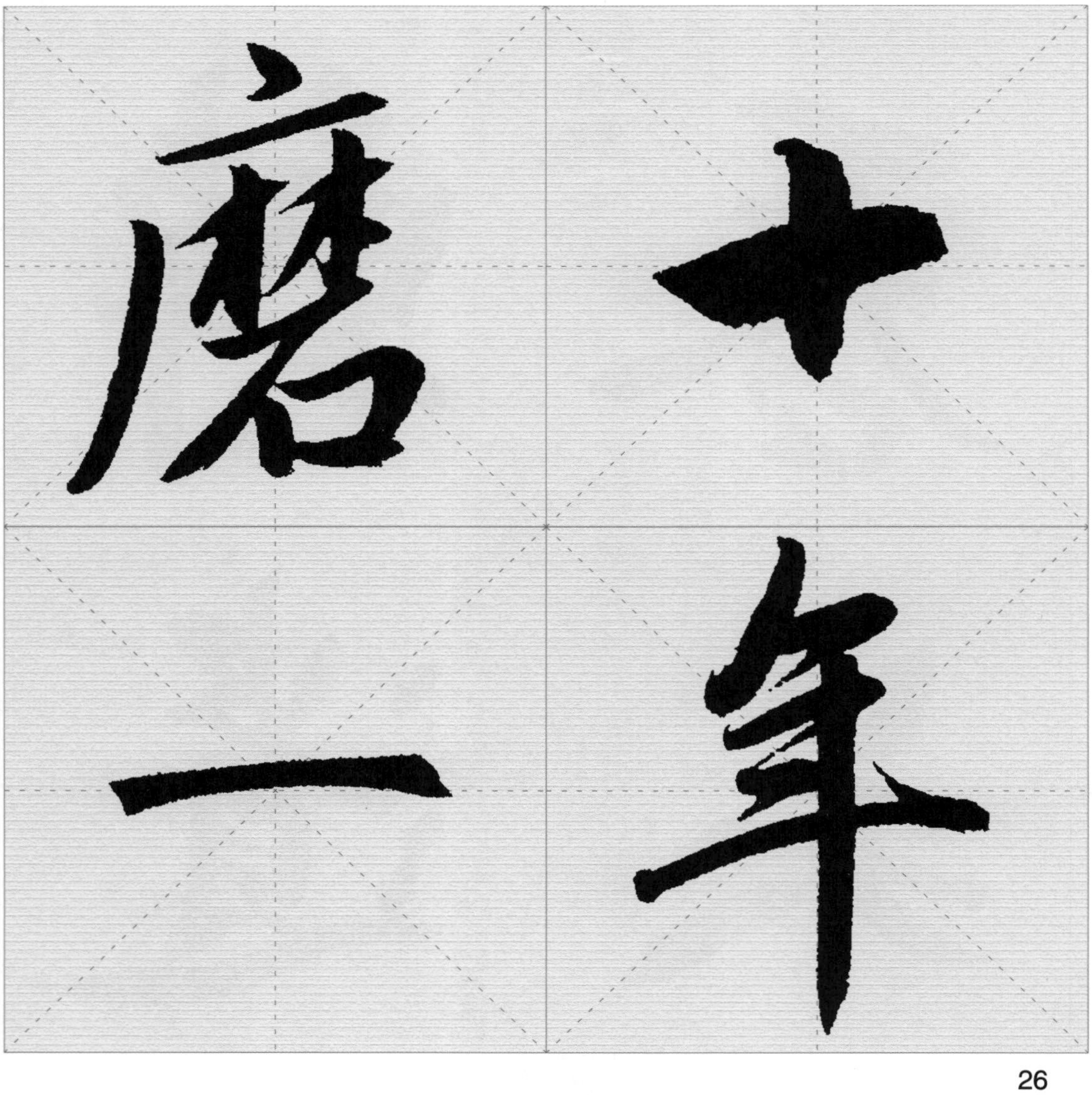

十年磨一

劍霜刃未
曾試今日

剑，霜刃未曾试。今日

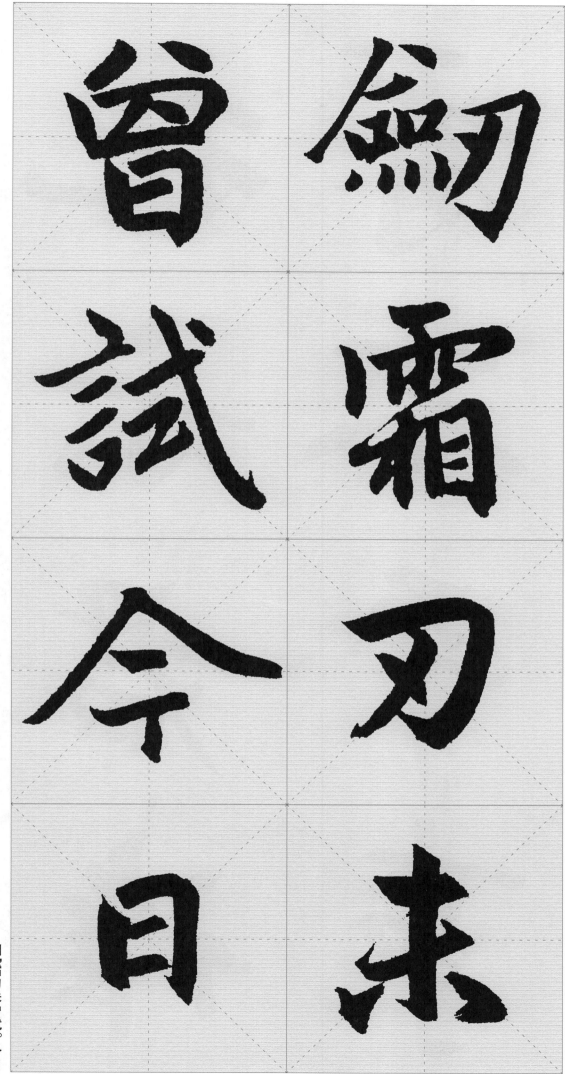

把示君谁

有不平事

把示君，谁有不平事。

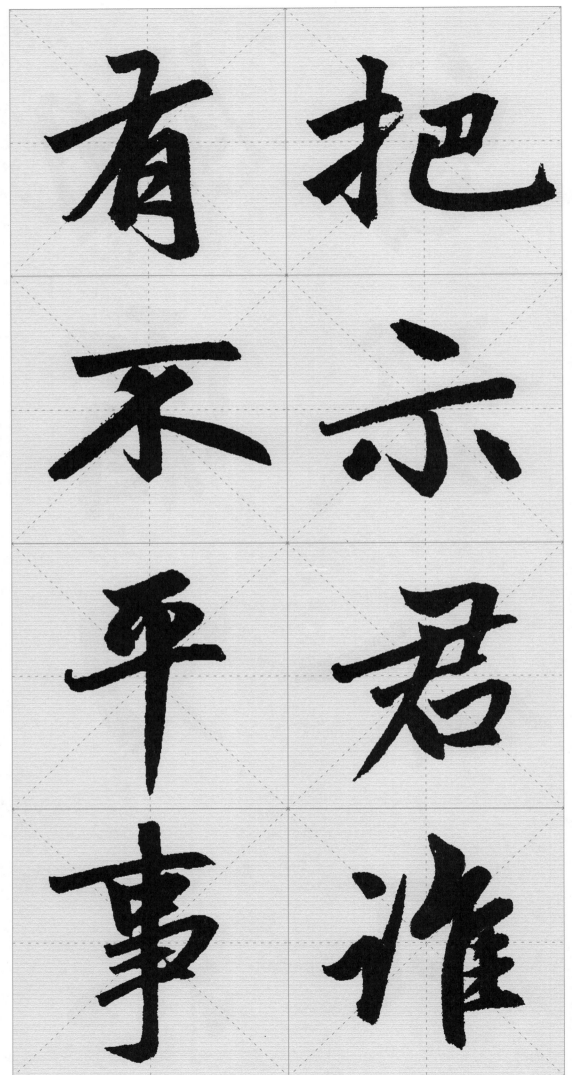

《江上渔者》（范仲淹）

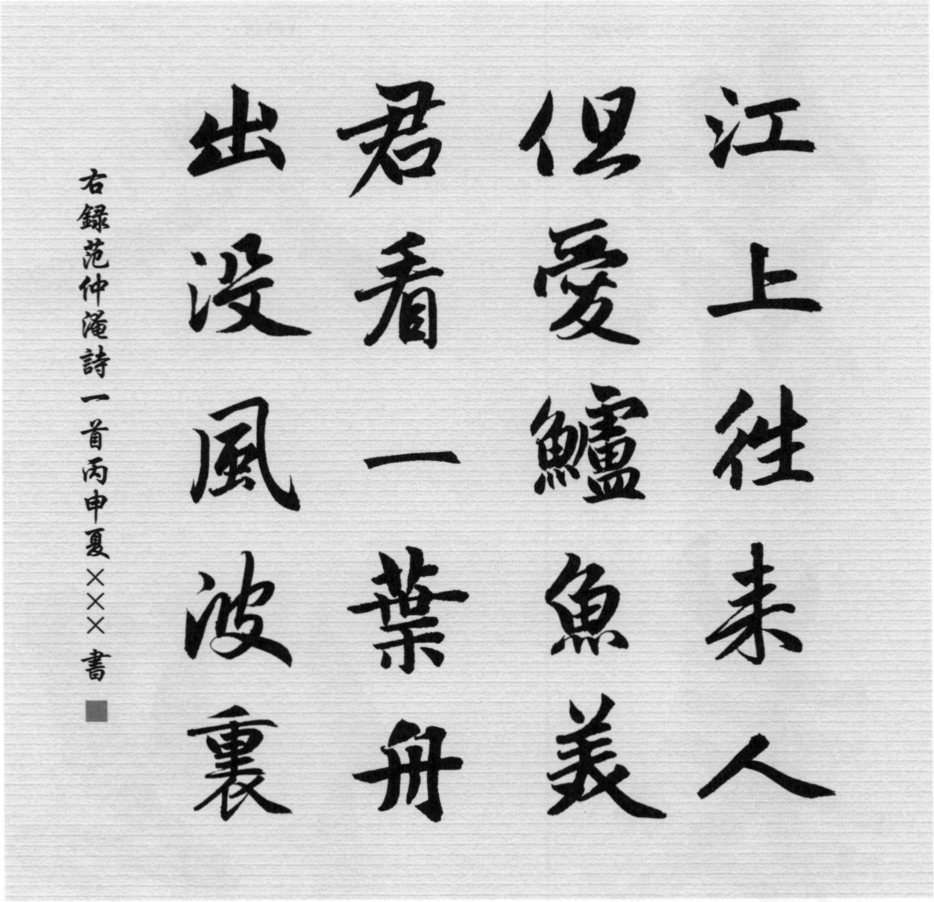
江上往来人
但愛鱸魚美
君看一葉舟
出没風波裏
右録范仲淹詩一首丙申夏×××書

斗　方

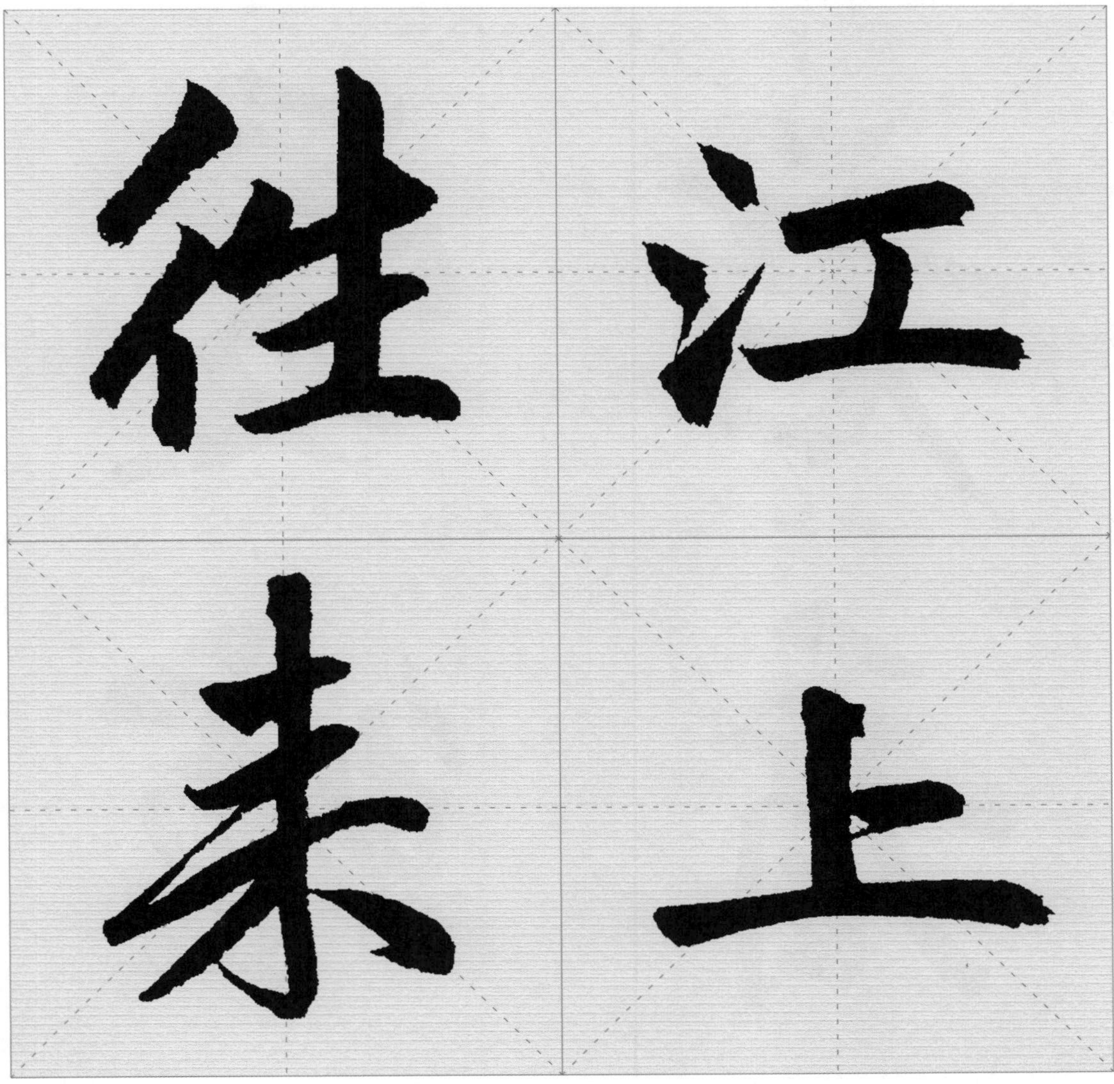
江
上
往
来

江上往来

人但爱鱸
魚美君看

人，但爱鲈鱼美。君看

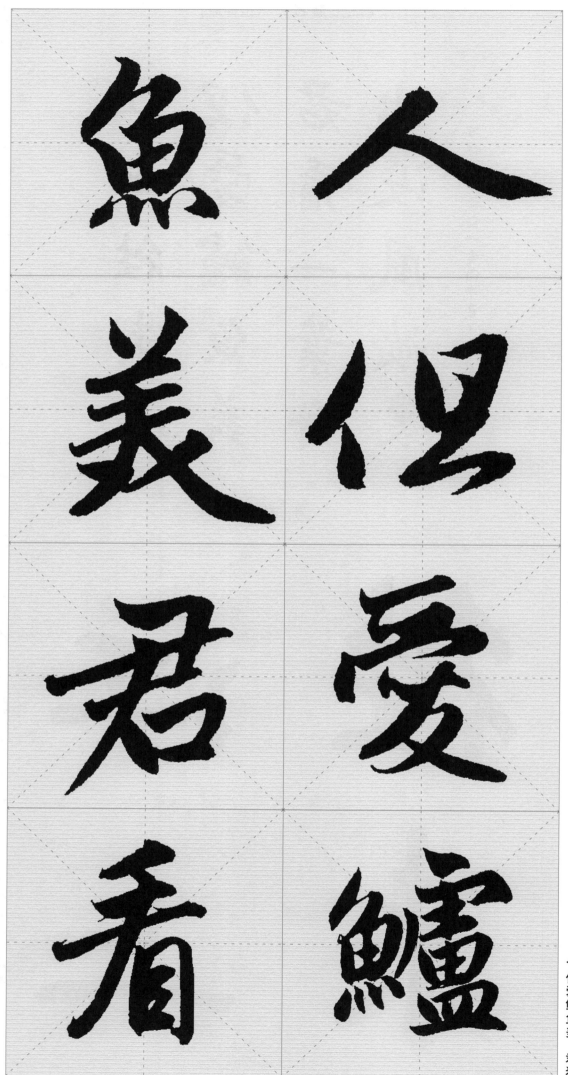

一葉舟出
沒風波裏

一叶舟，出没风波里。

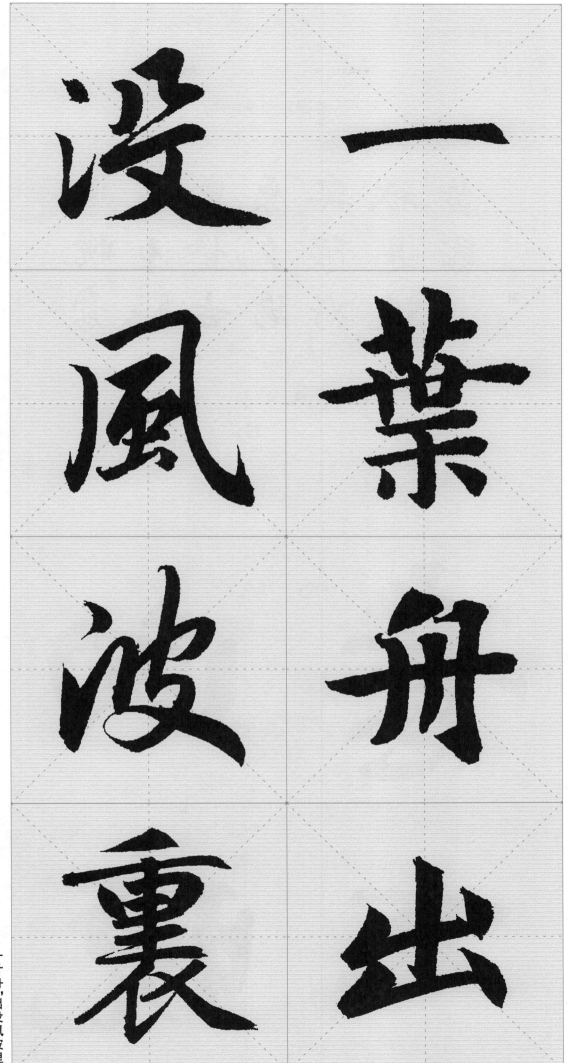

《乐游园》（李商隐）

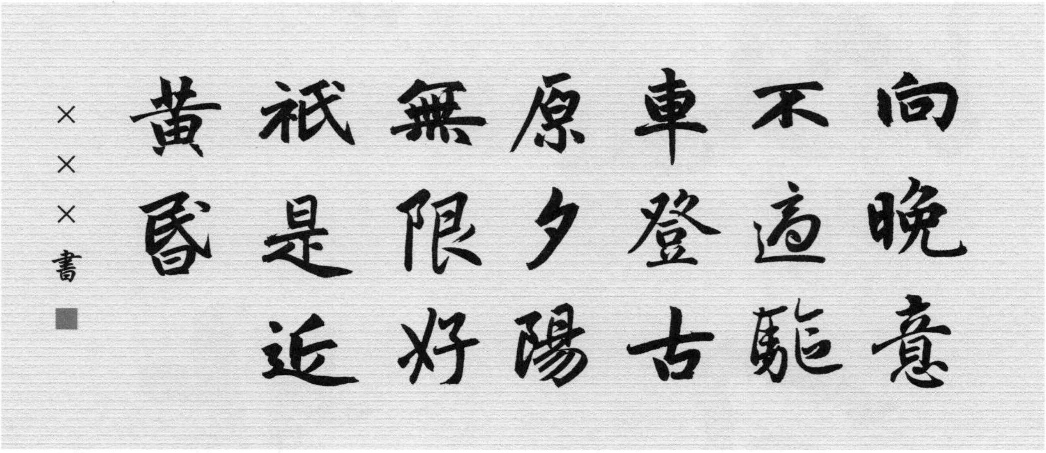

横　披

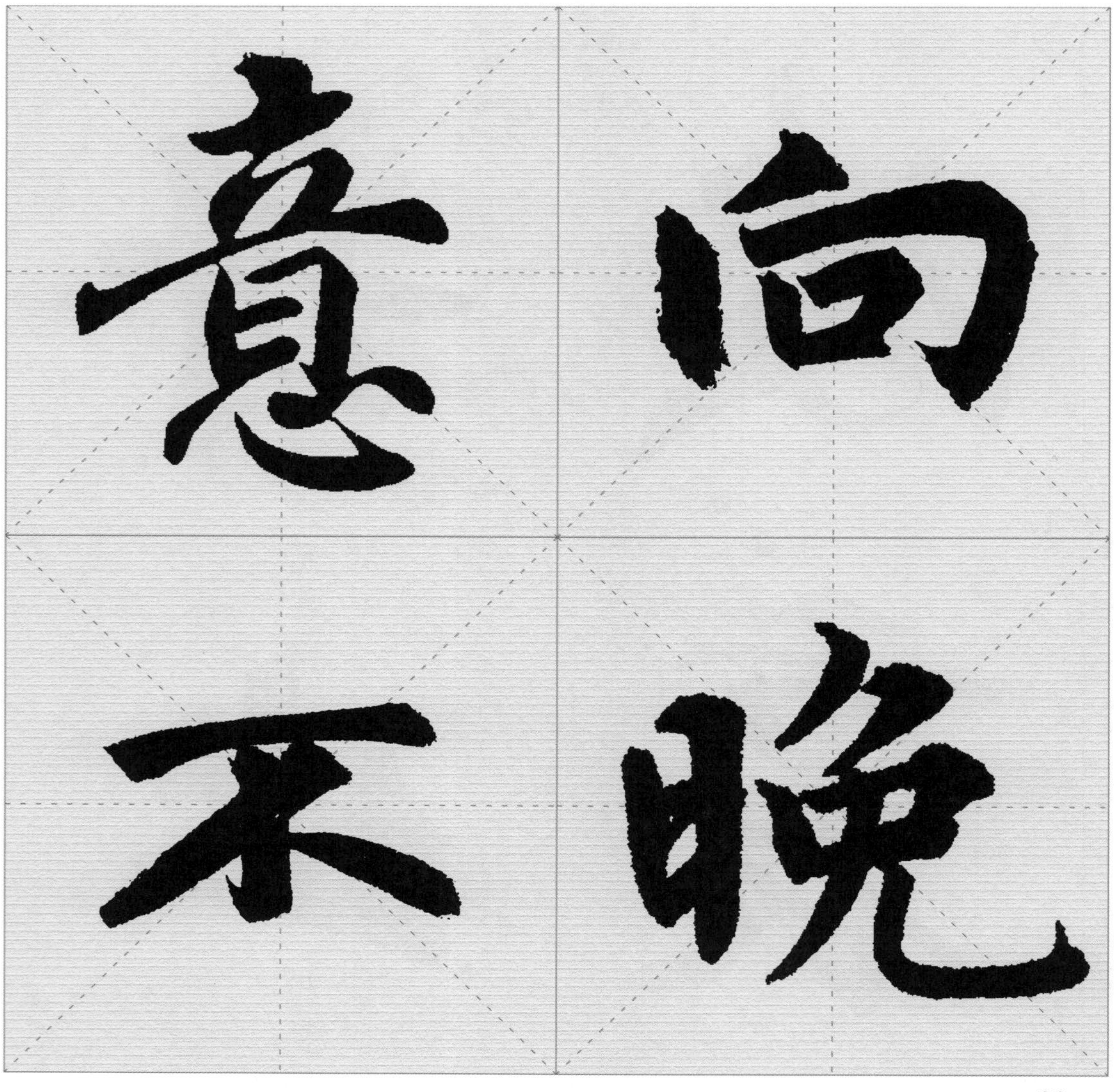

向晚意不

適驅車登古原夕陽

适，驱车登古原。夕阳

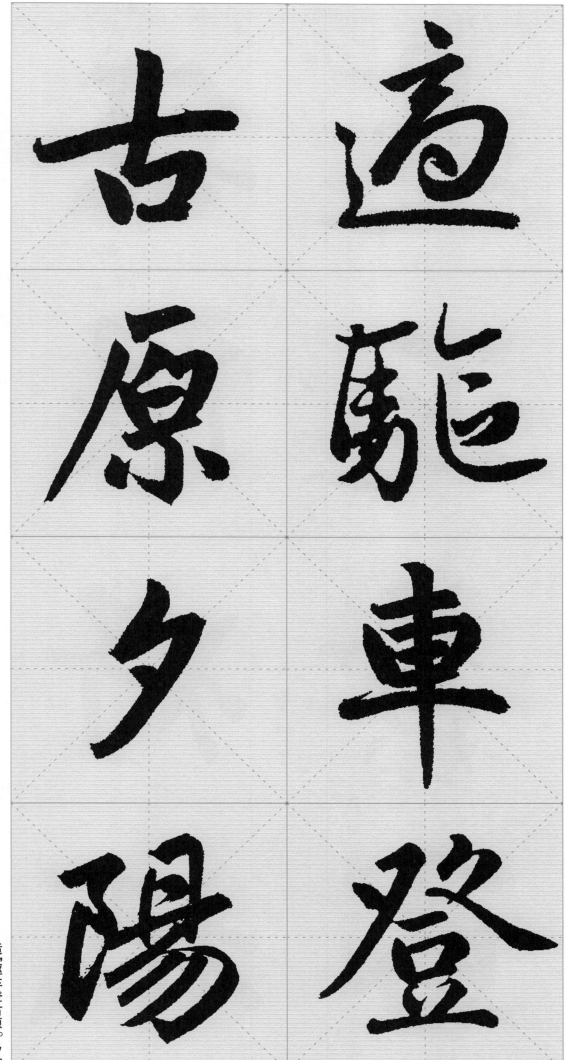

無限好祇
是近黃昏

无限好，只是近黄昏。

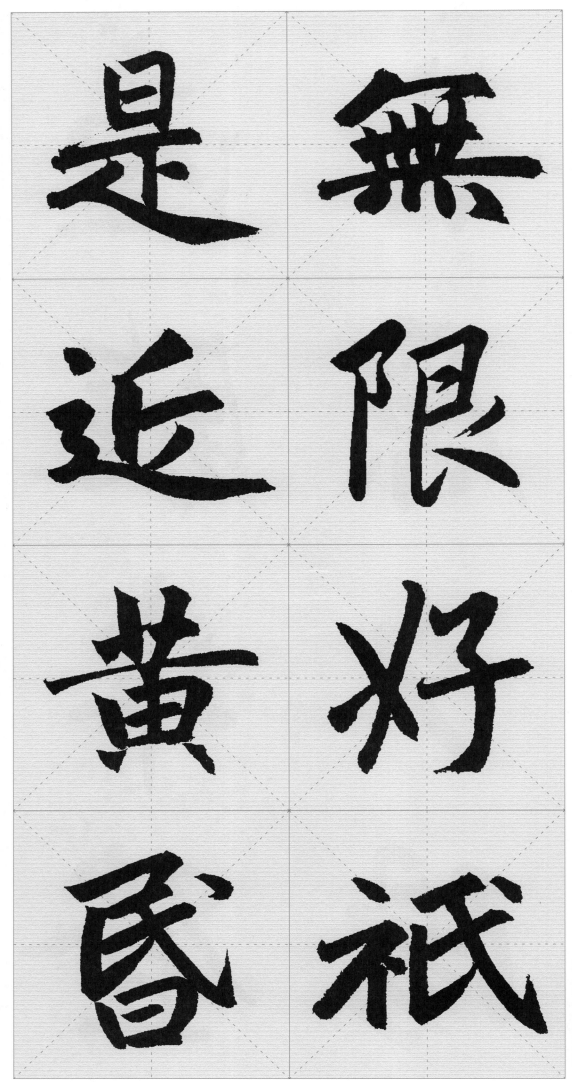

《鸟鸣涧》（王维）

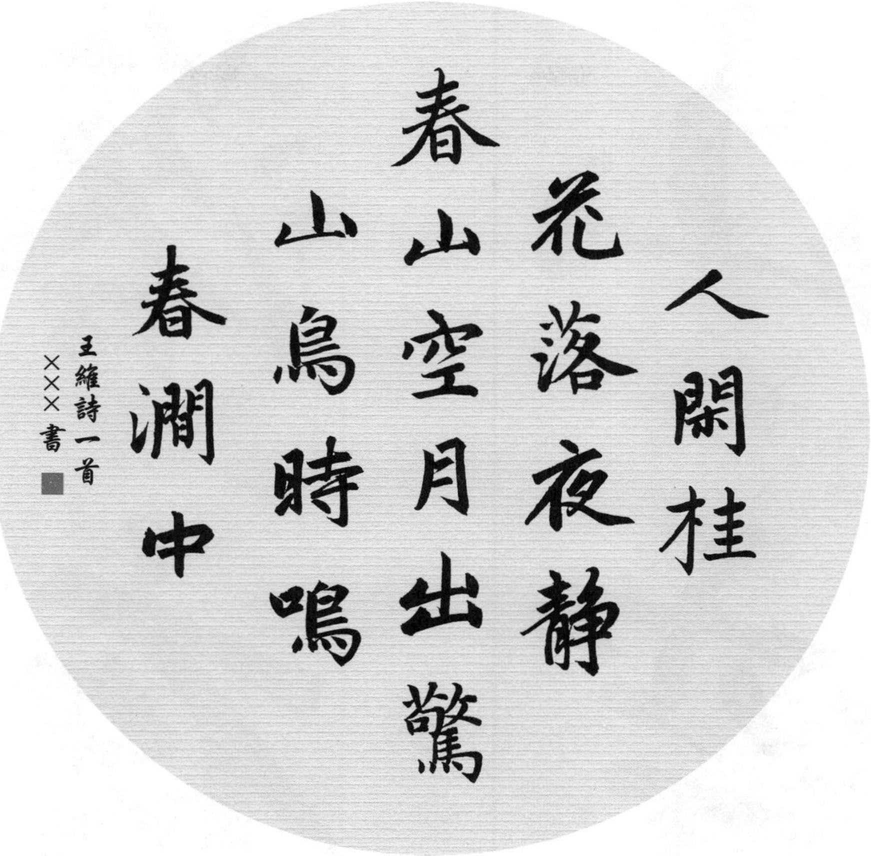
人閑桂花落夜靜春山空月出驚山鳥時鳴春澗中
王維詩一首
×××書

扇 面

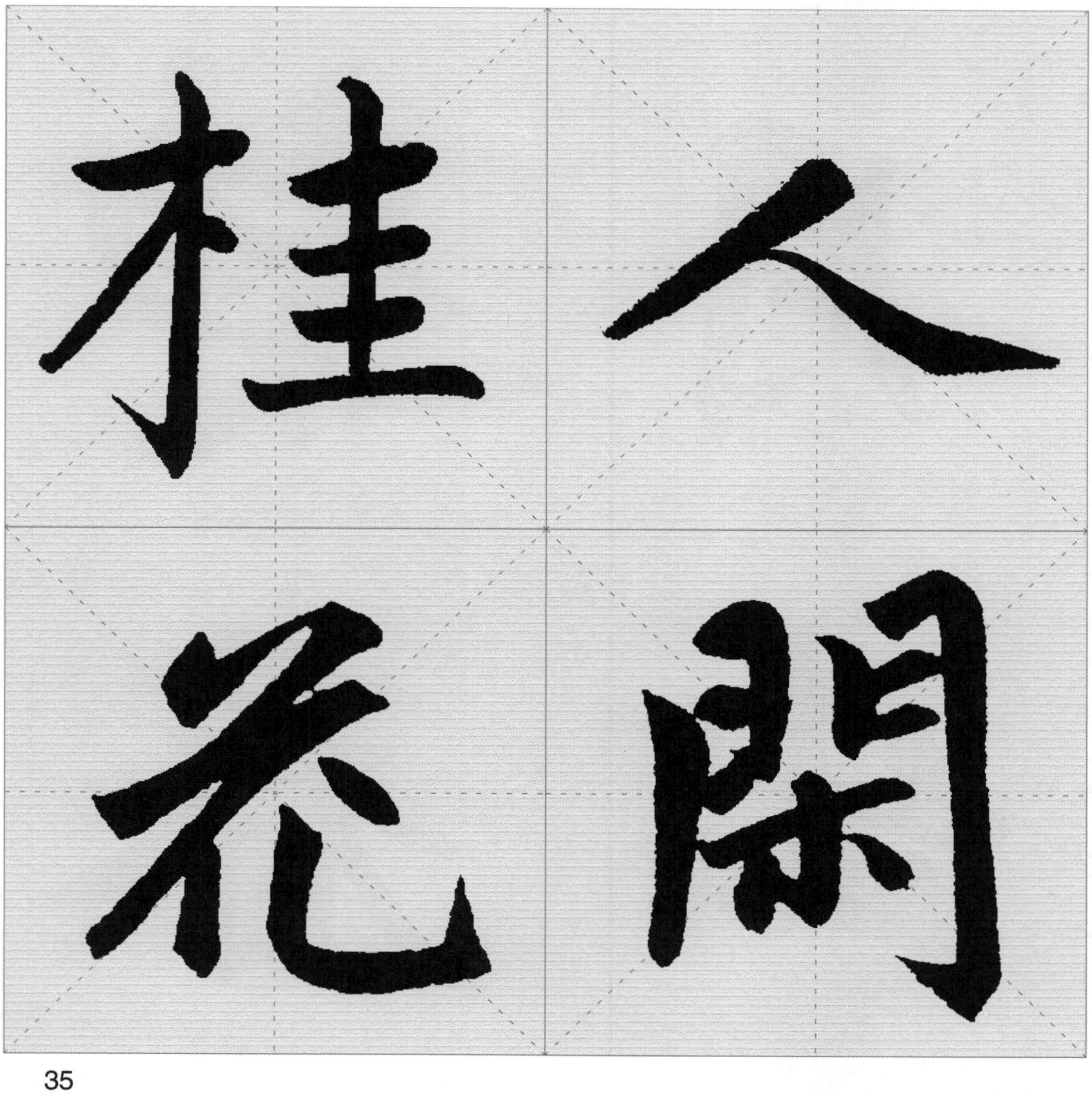
人閑
桂花

人闲桂花

落夜静春
山空月出

落，夜静春山空。月出

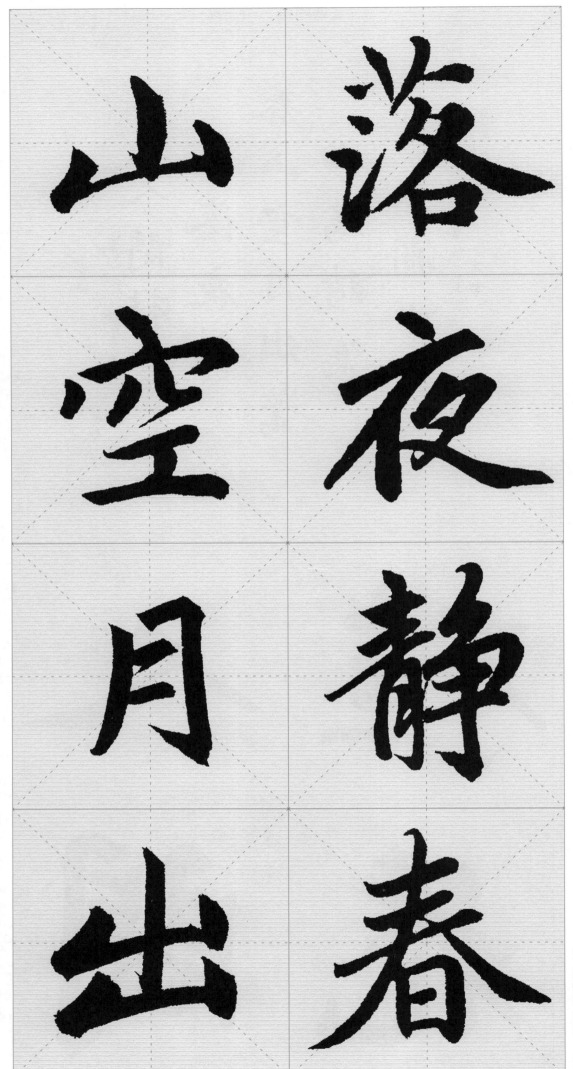

驚山鳥時
鳴春澗中

惊山鸟，时鸣春涧中。

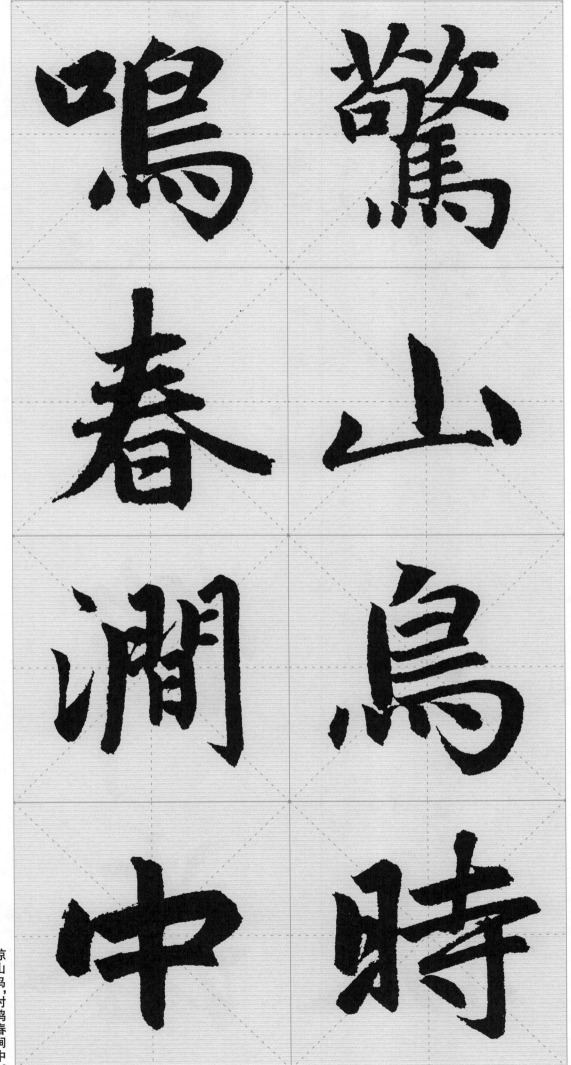

《风》（李峤）

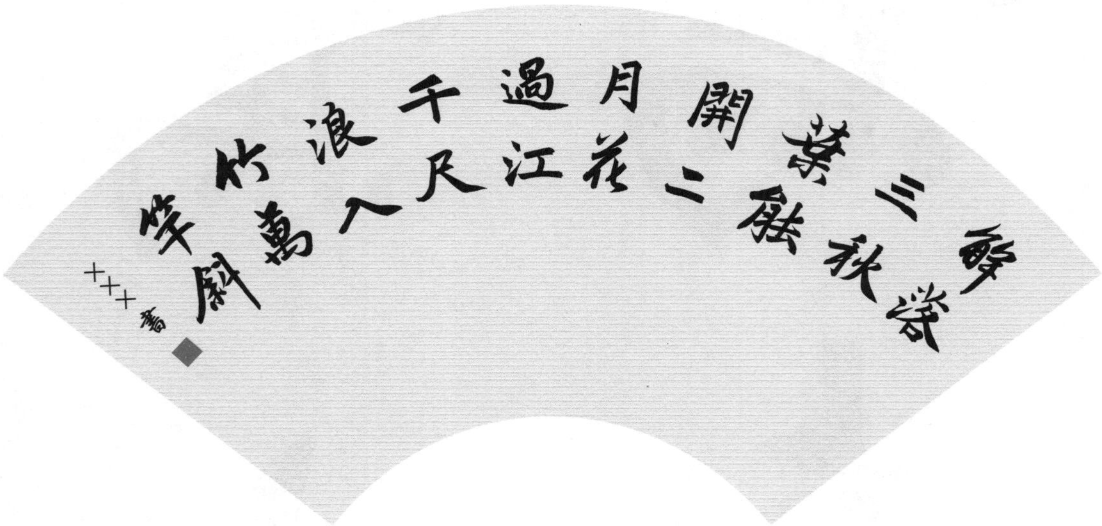

扇面

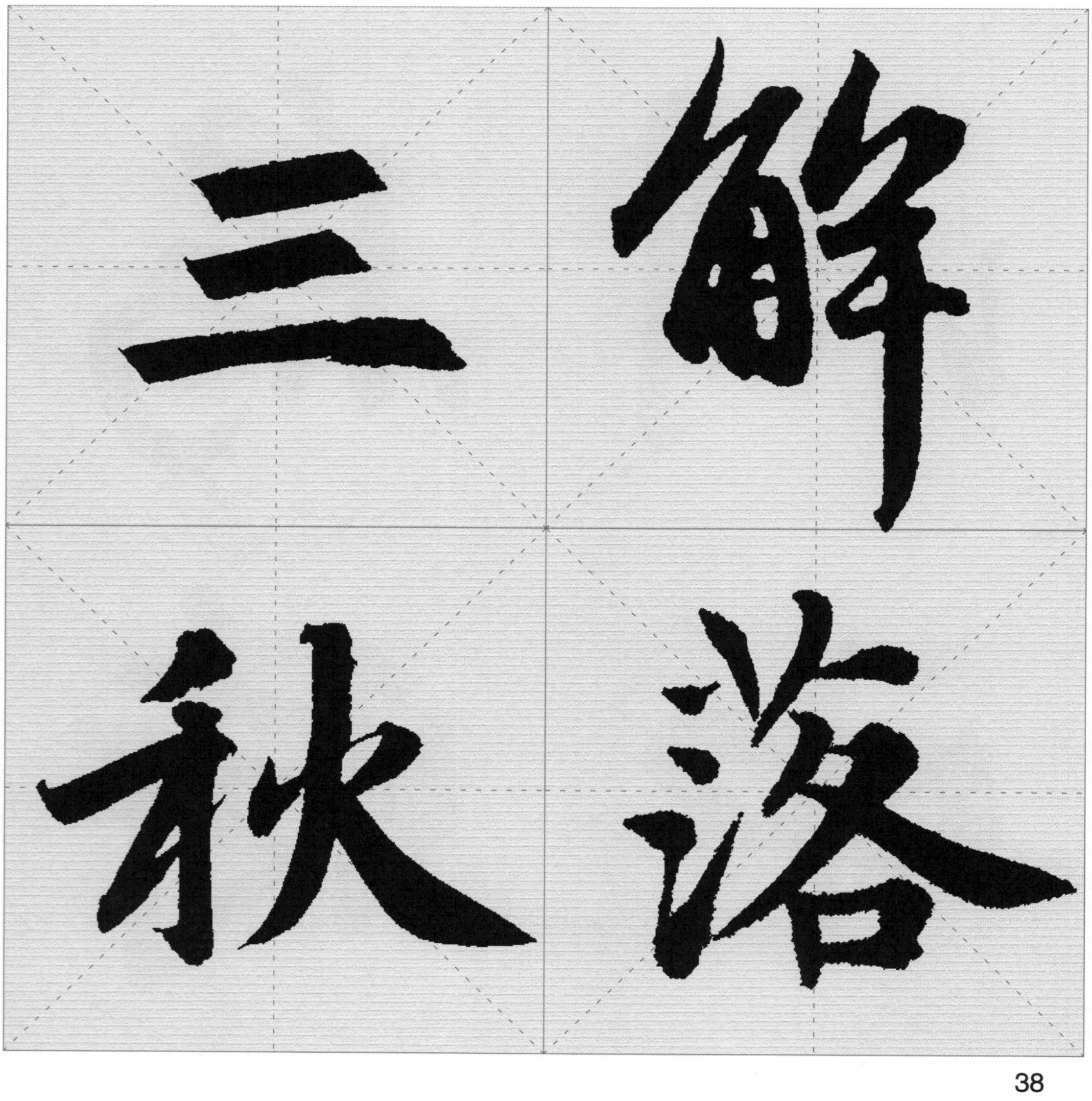

解落三秋

葉能開二
月花過江

叶，能开二月花。过江

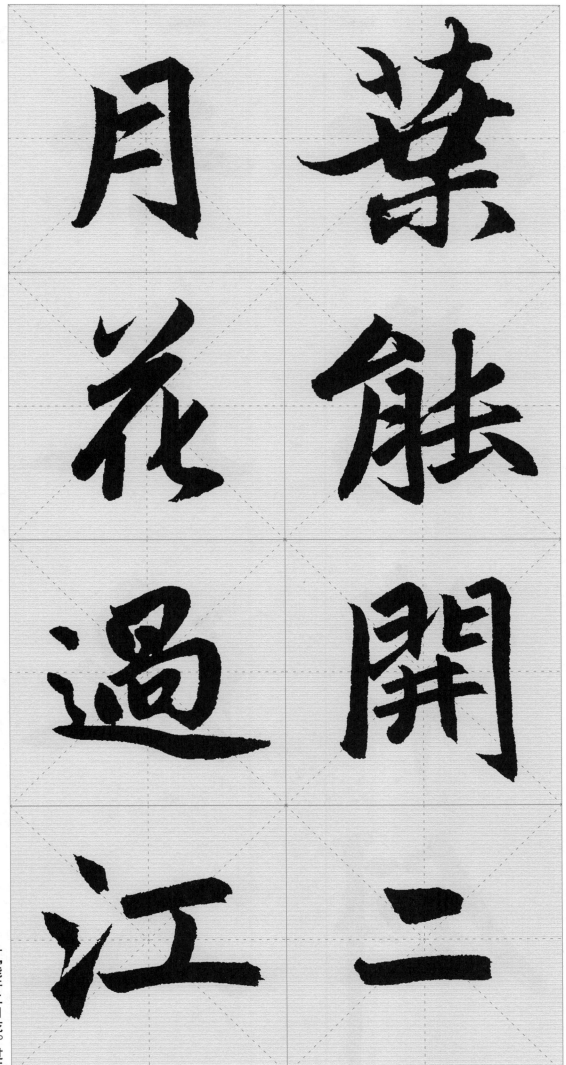

千尺浪入
竹萬竿斜

千尺浪，入竹万竿斜。

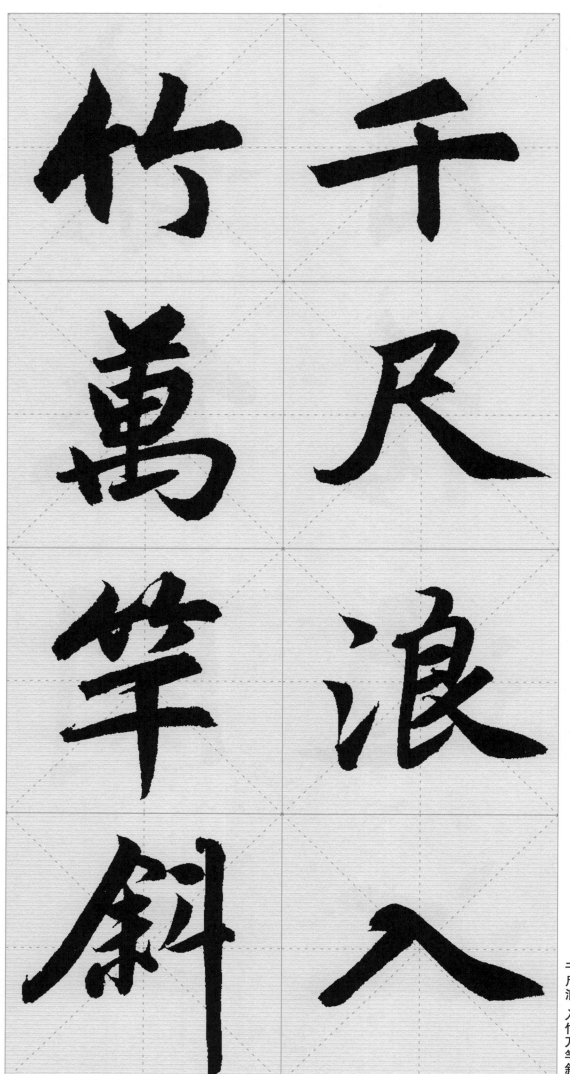

《寻隐者不遇》（贾岛）

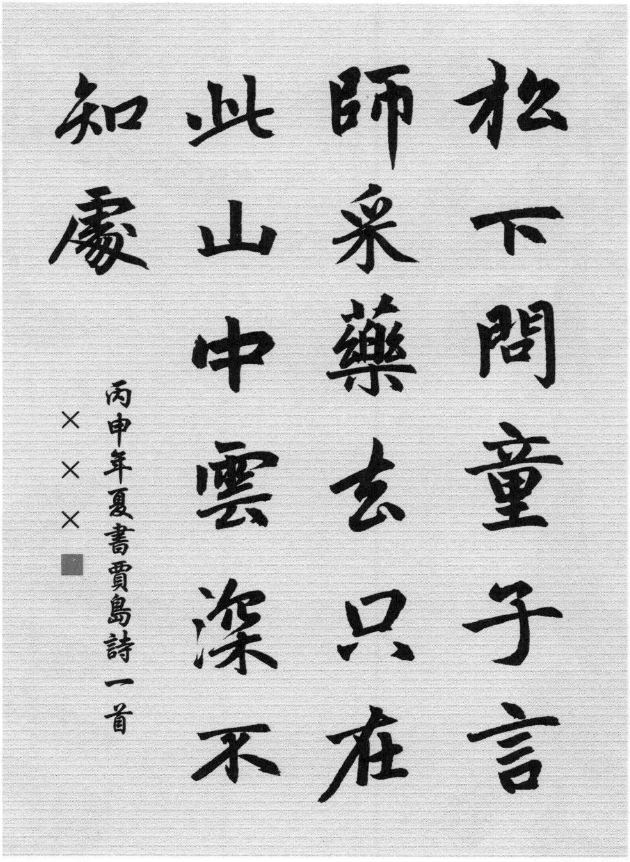
松下問童子言師采藥去只在此山中雲深不知處
丙申年夏書賈島詩一首
×××

中　堂

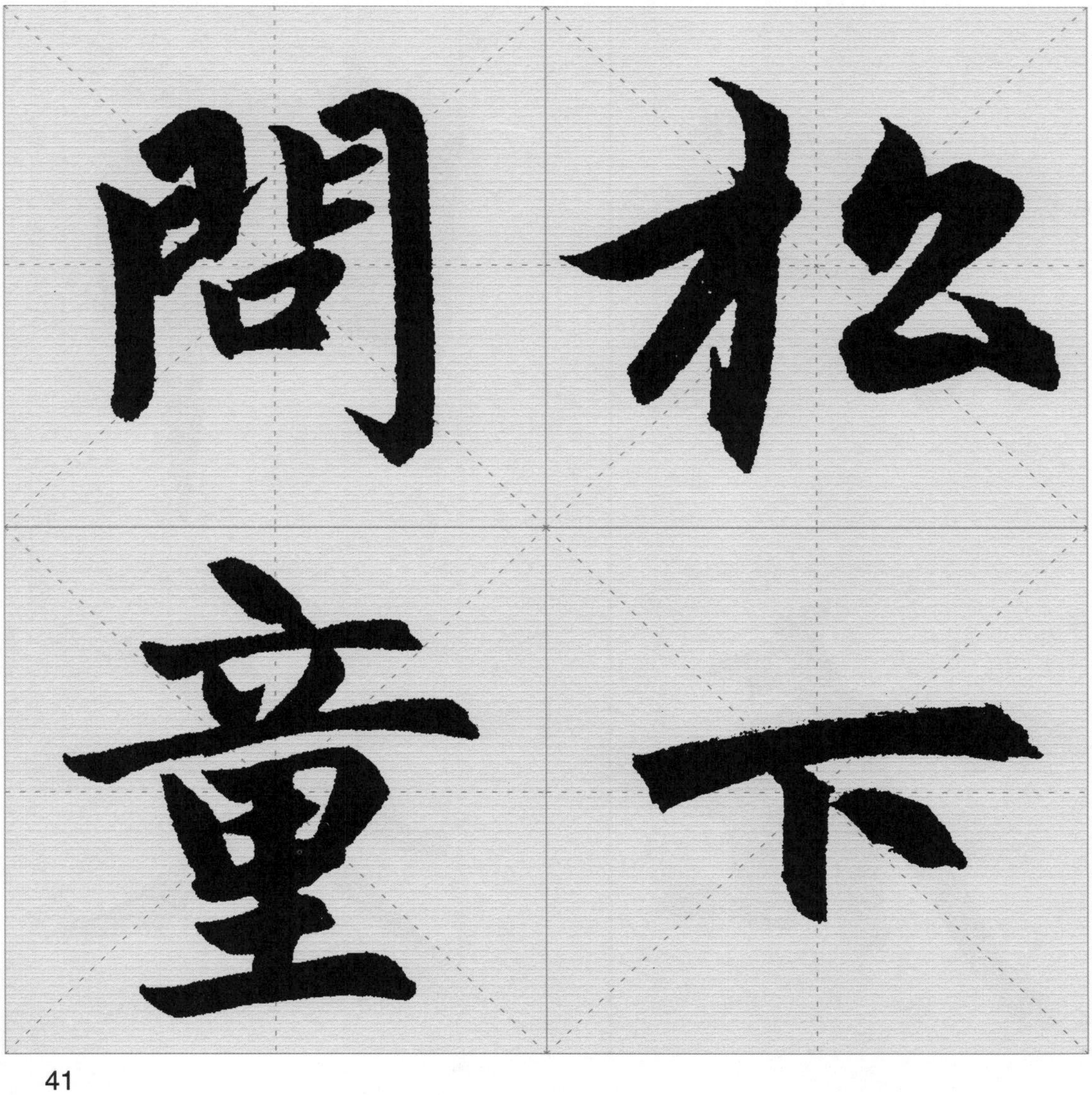
松下問童

松下问童

子言師采
藥去只在

子，言师采药去。只在

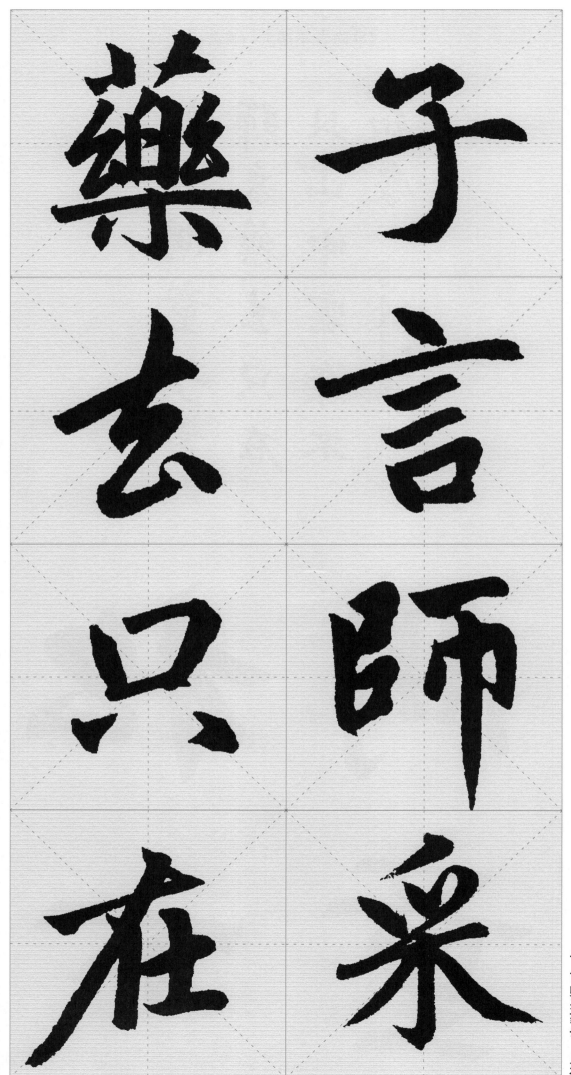

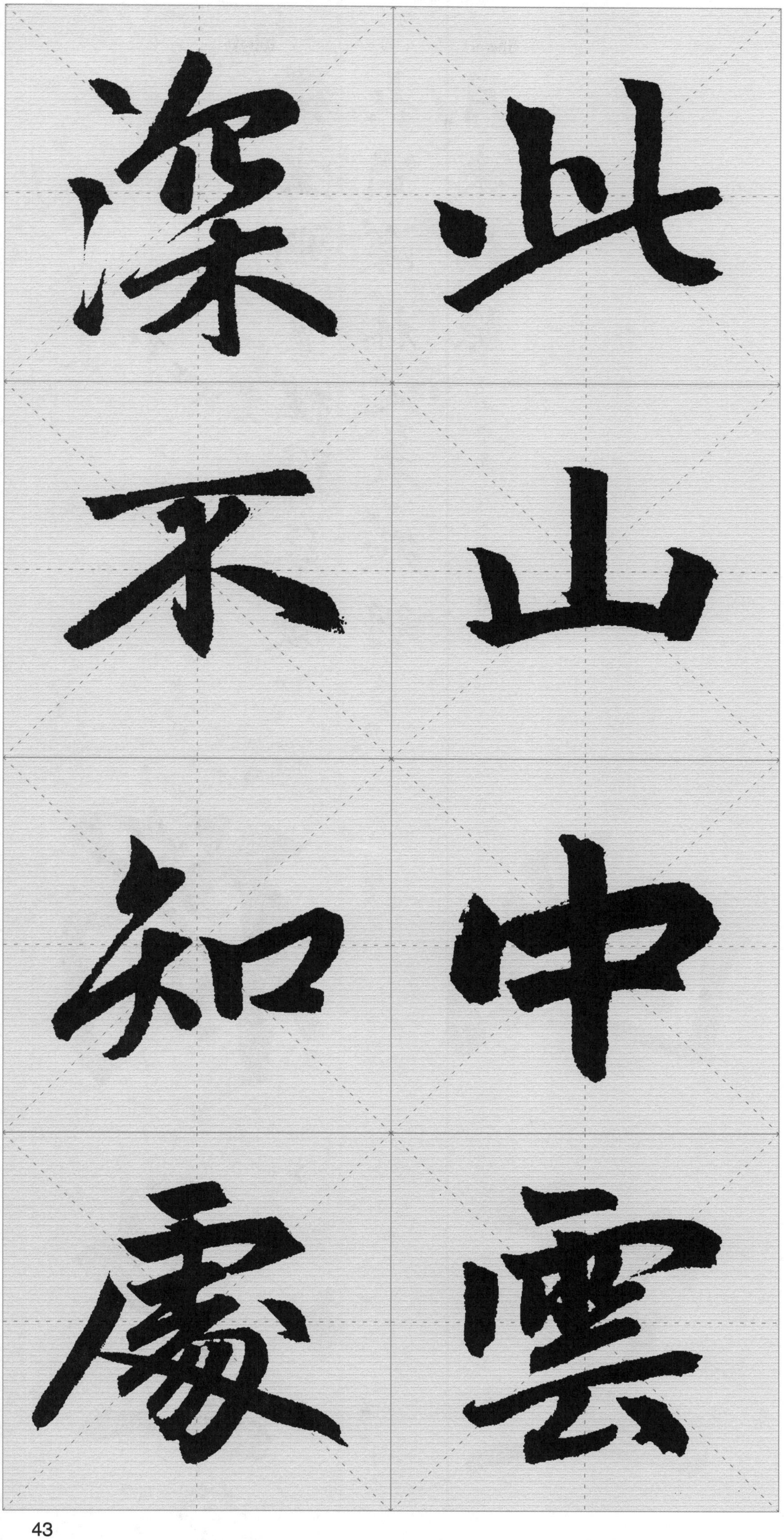

此山中，云深不知处。

《竹里馆》（王维）

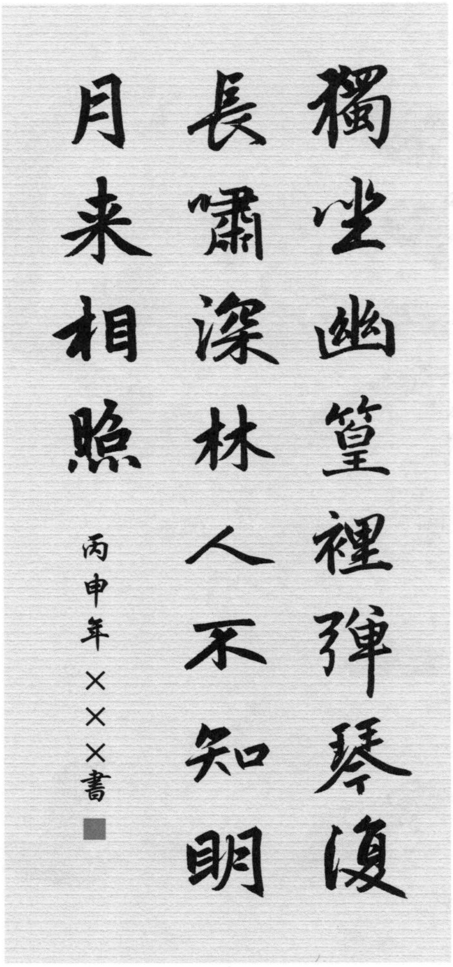
獨坐幽篁裡彈琴復
長嘯深林人不知明
月来相照
丙申年×××書

条　幅

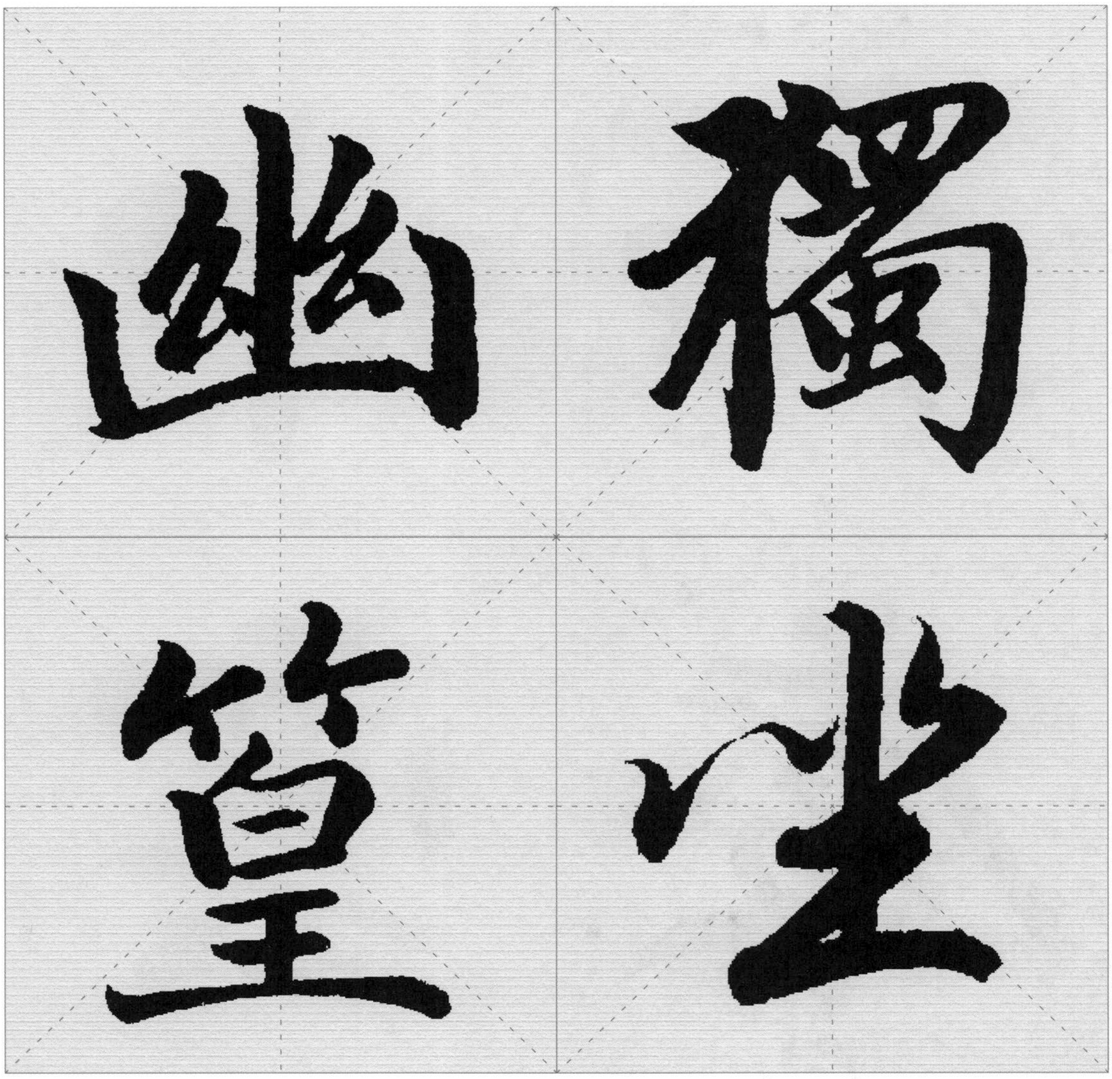
獨坐
幽篁

独坐幽篁

裡彈琴復
長嘯深林

里，弹琴复长啸。深林

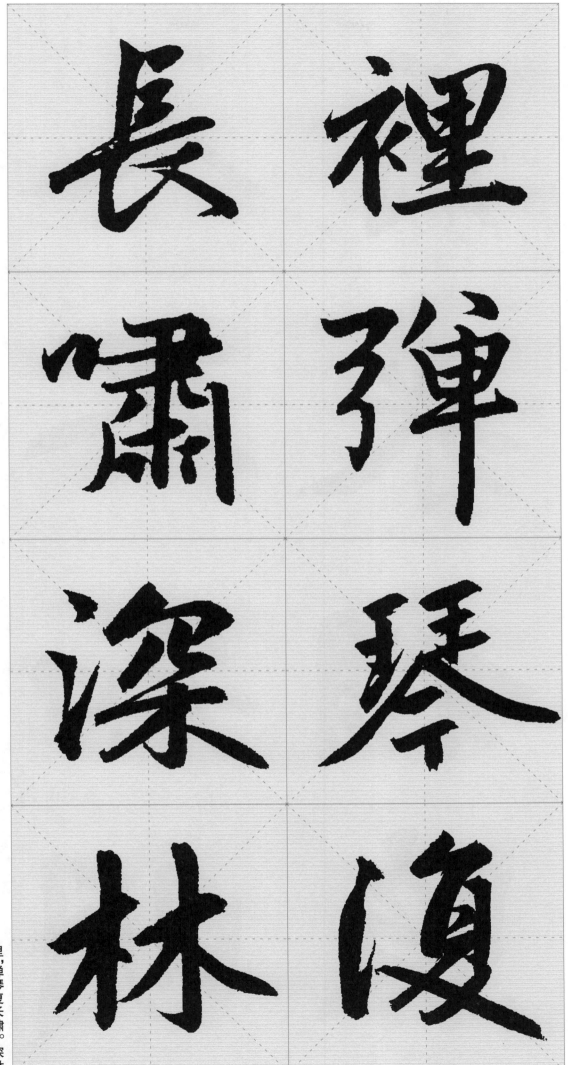

人不知明
月来相照

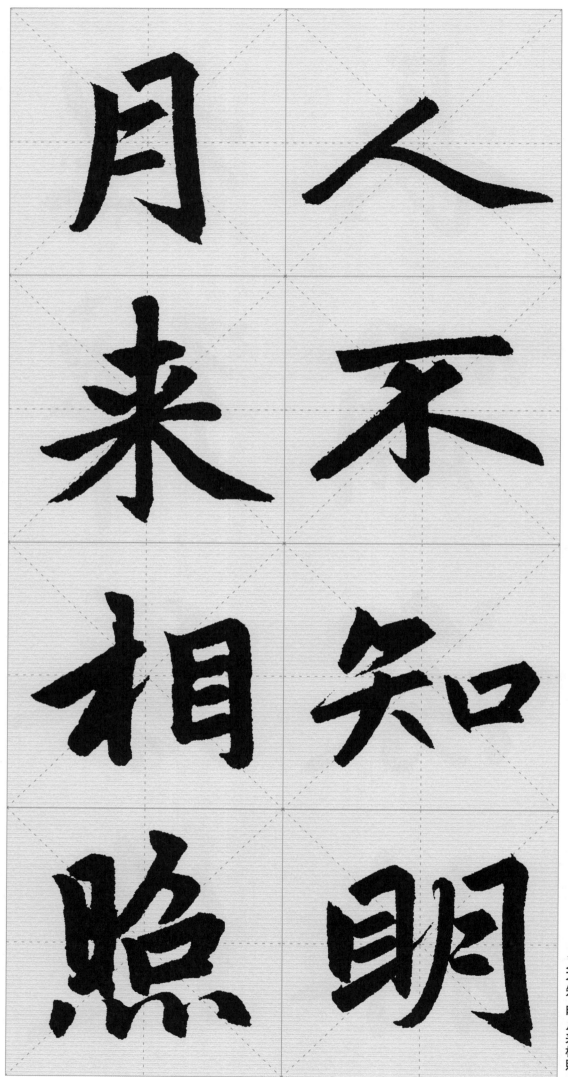

人不知，明月来相照。

二十八字作品

《别董大》（高适）

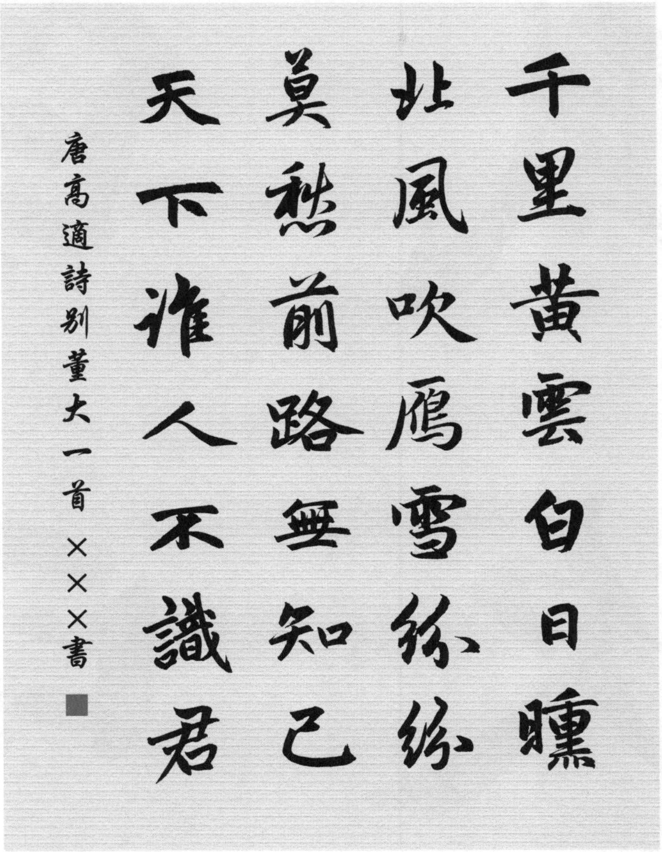

中 堂

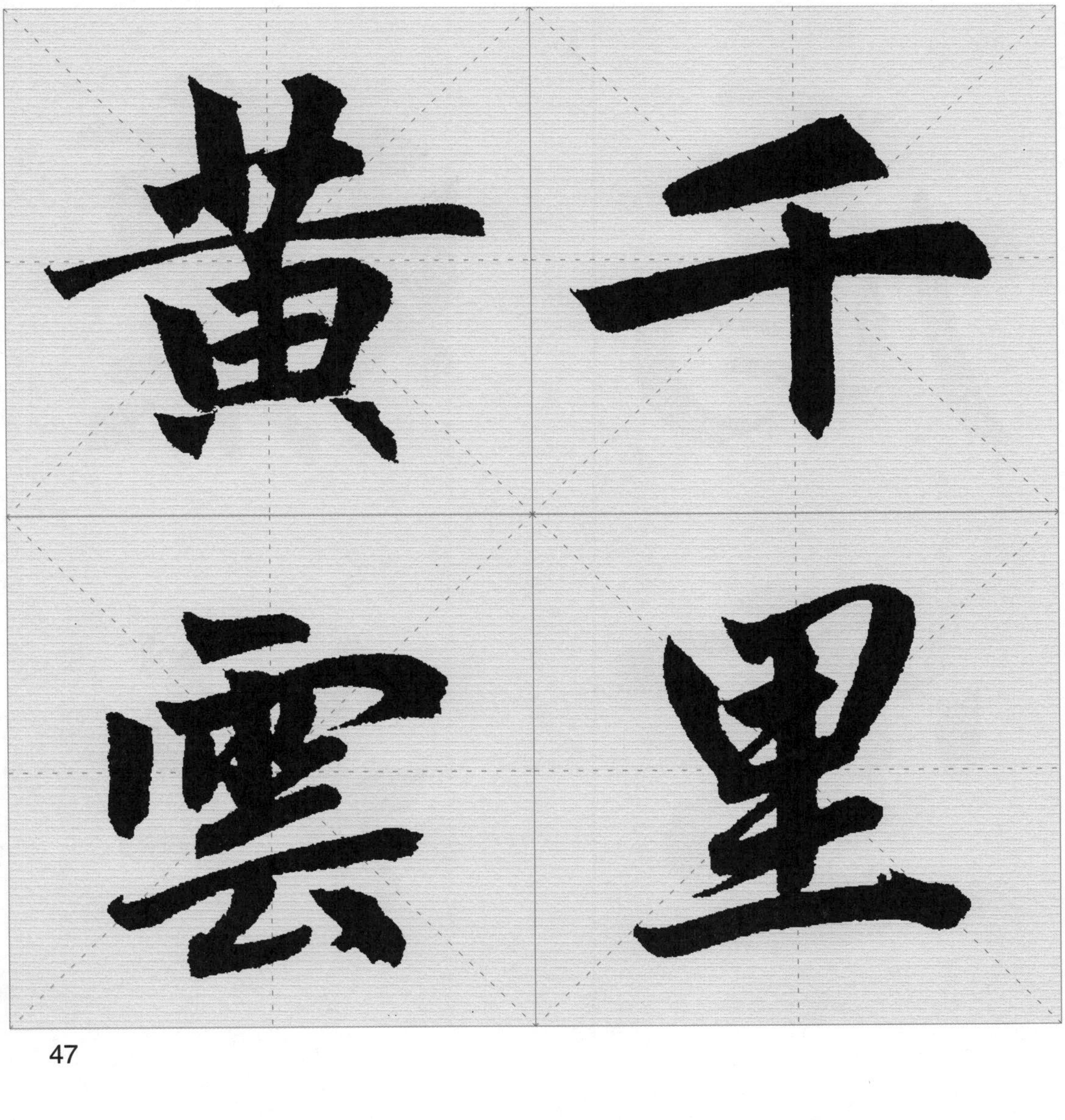

千里黄云

白日曛北
風吹雁雪

白日曛，北风吹雁雪

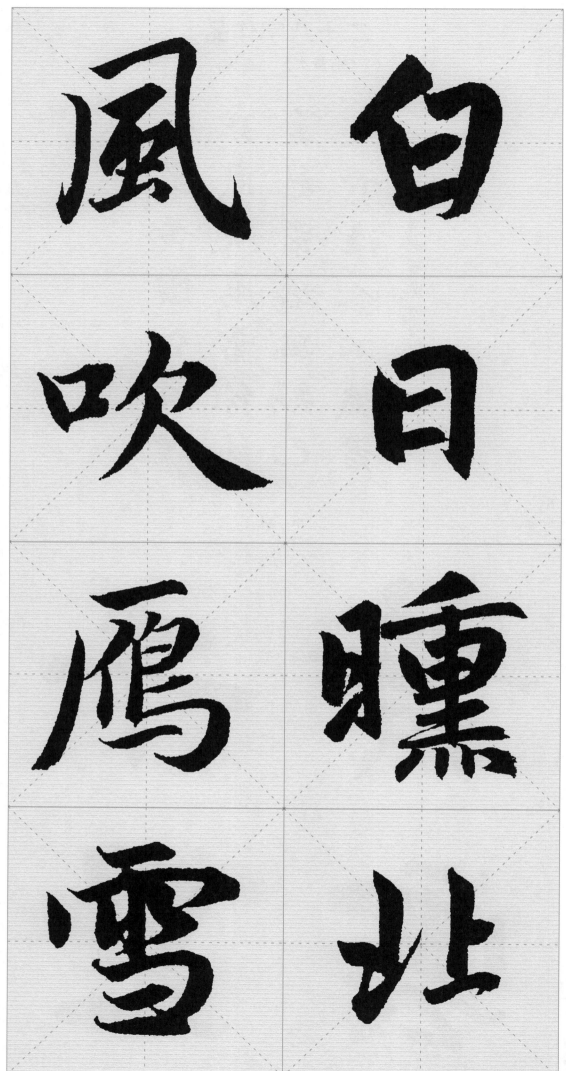

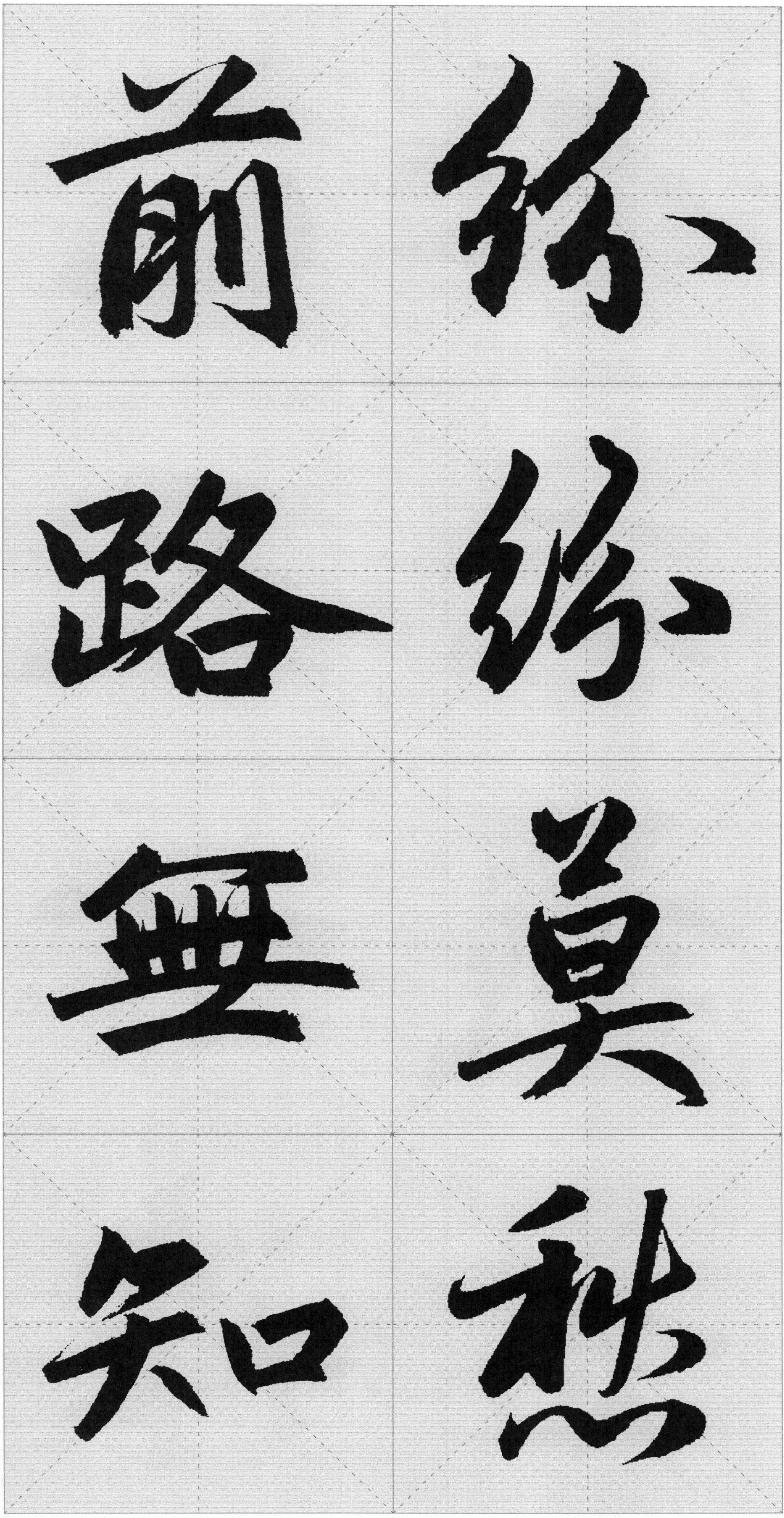

纷纷。莫愁前路无知

己天下誰

人不識君

己，天下谁人不识君！

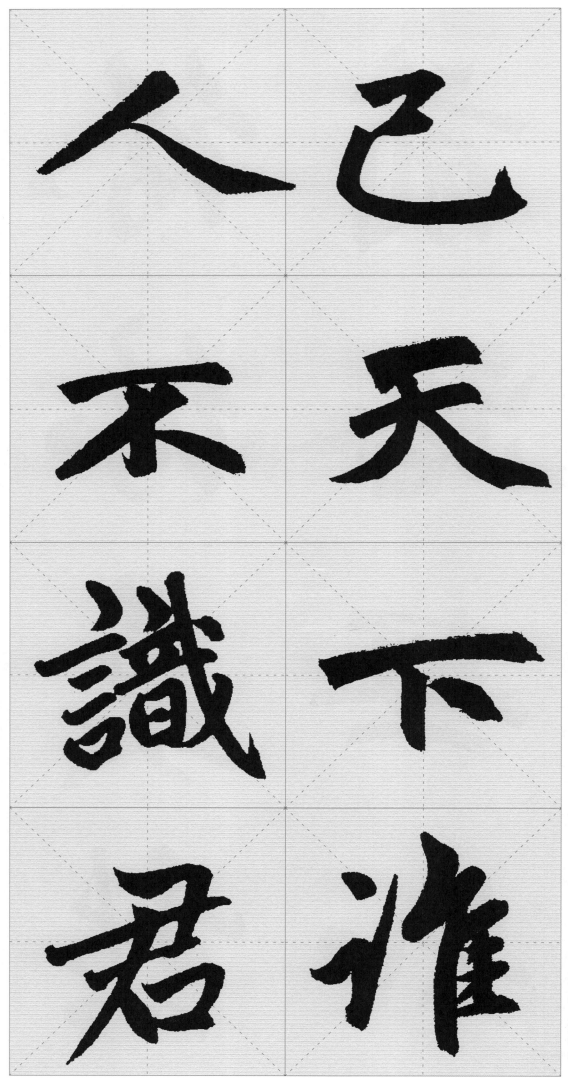

《春日》（朱熹）

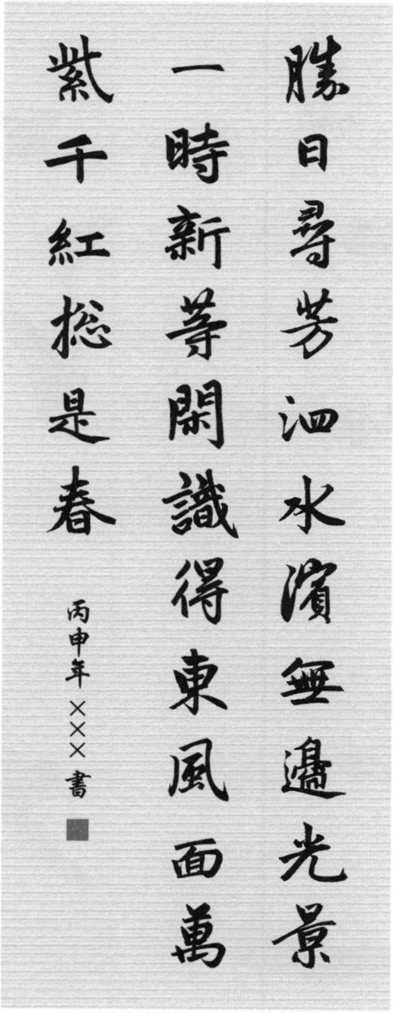
勝日尋芳泗水濱無邊光景
一時新等閒識得東風面萬
紫千紅總是春
丙申年×××書

条 幅

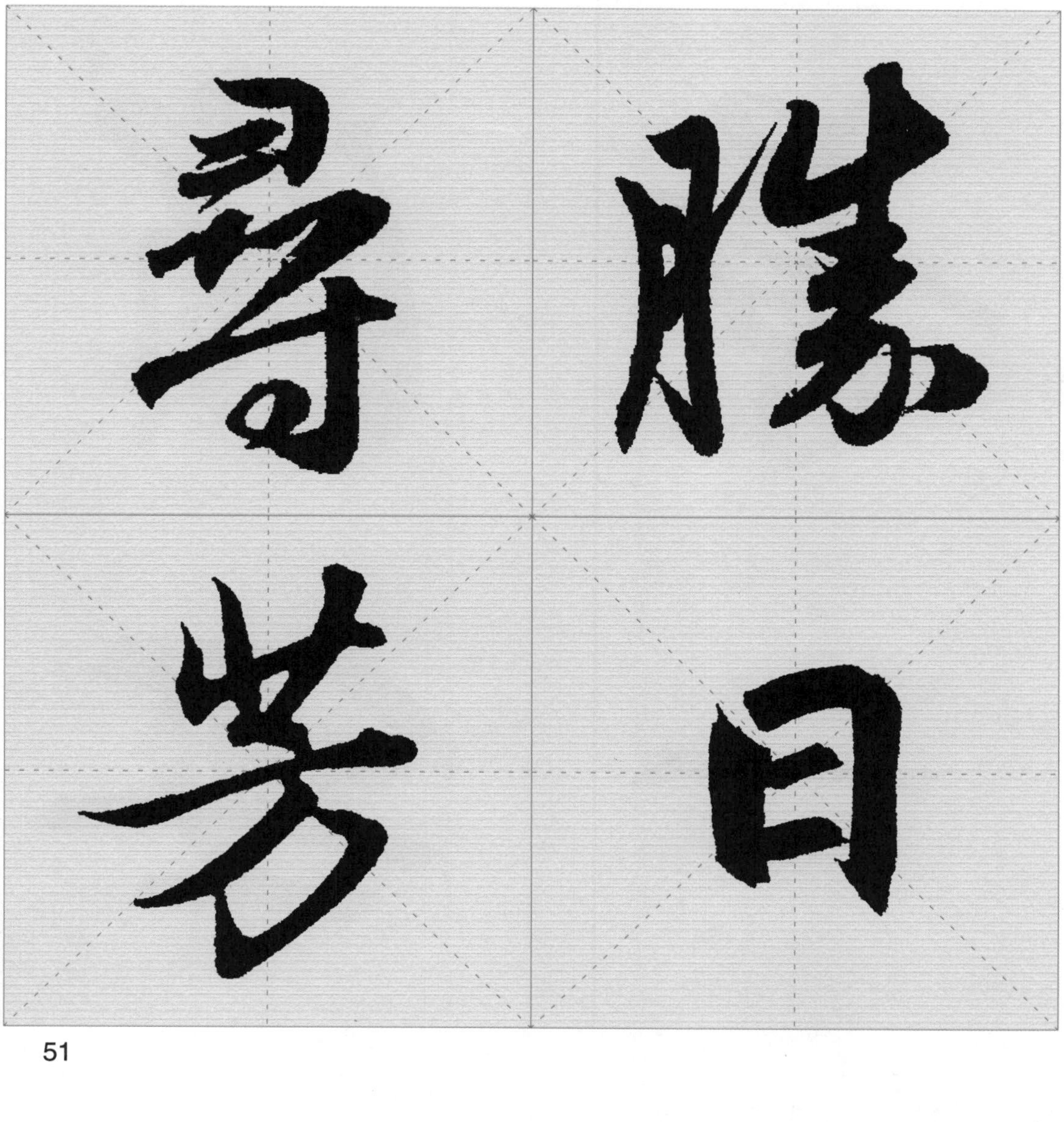
勝日
尋芳

胜日寻芳

泗水濵無
邊光景一

泗水滨，无边光景一

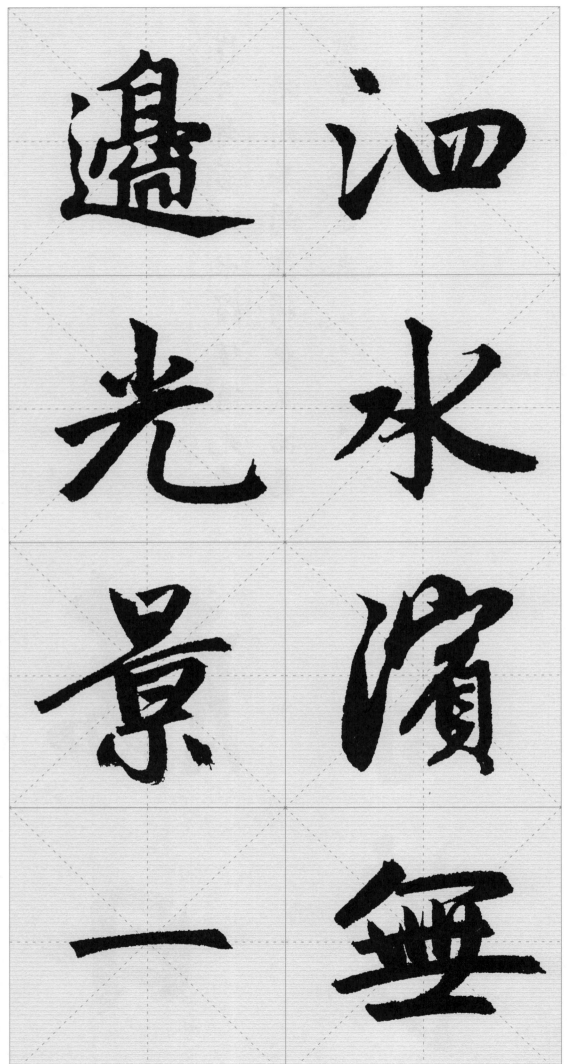

時新等閑

識得東風

时新。等闲识得东风

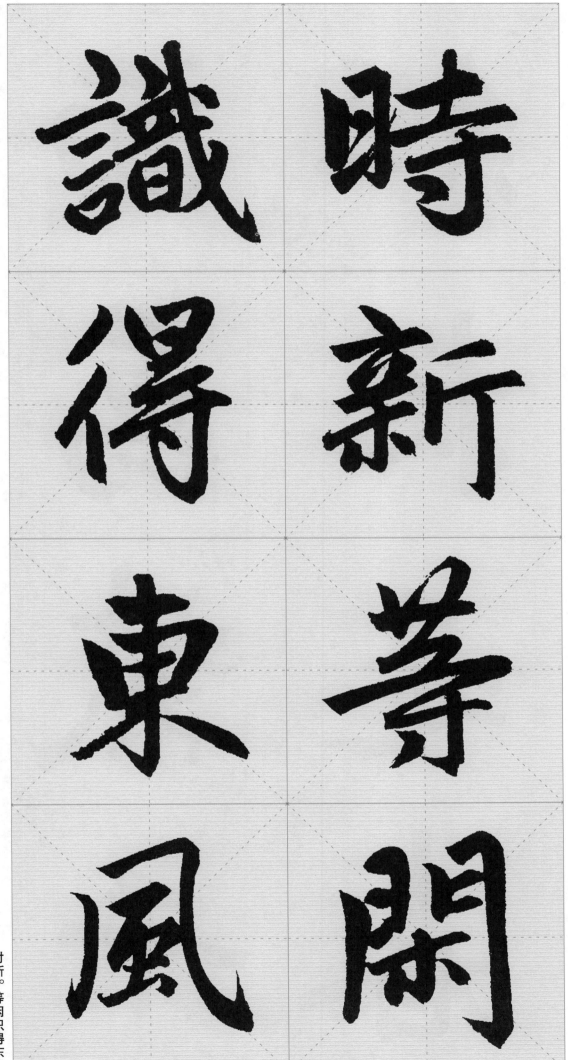

面萬紫千

紅總是春

面，万紫千红总是春。

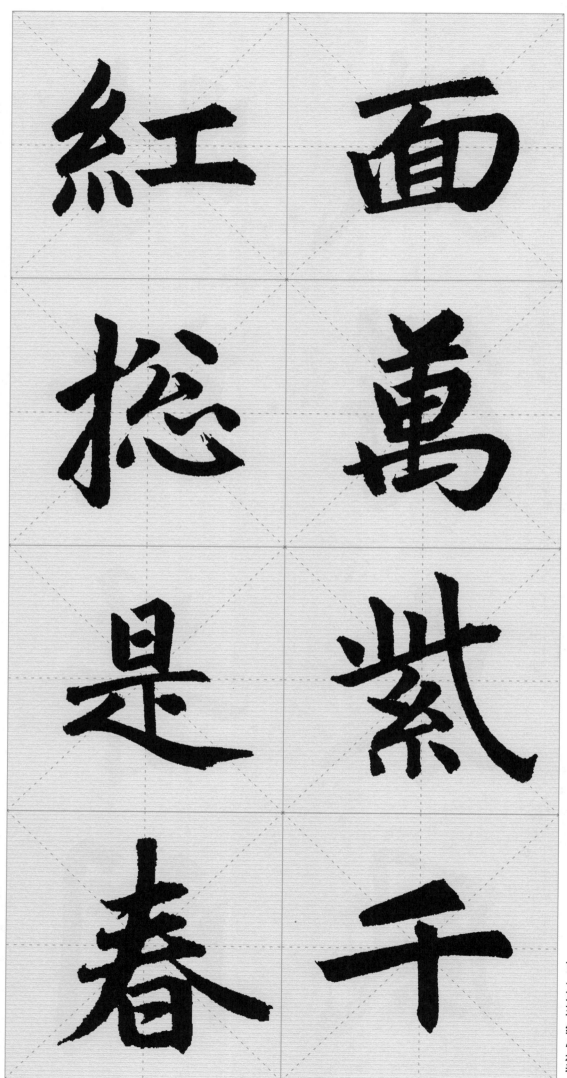

《大林寺桃花》（白居易）

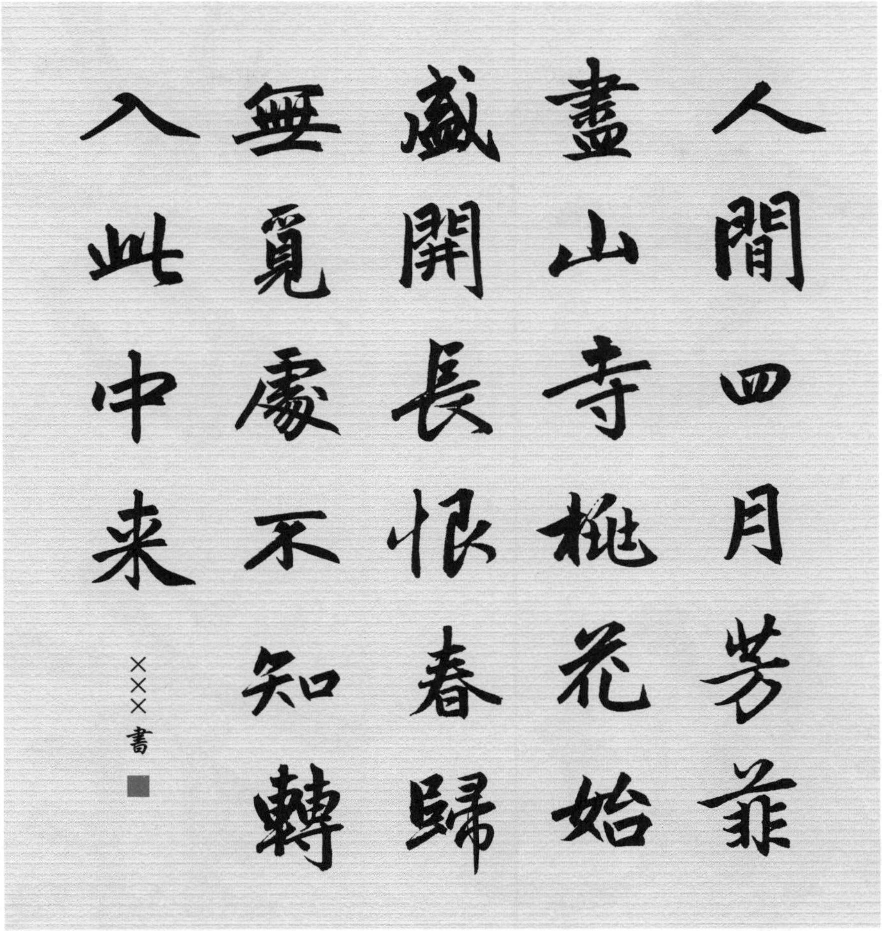
人間四月芳菲盡
山寺桃花始盛開
長恨春歸無覓處
不知轉入此中来
×××書

斗　方

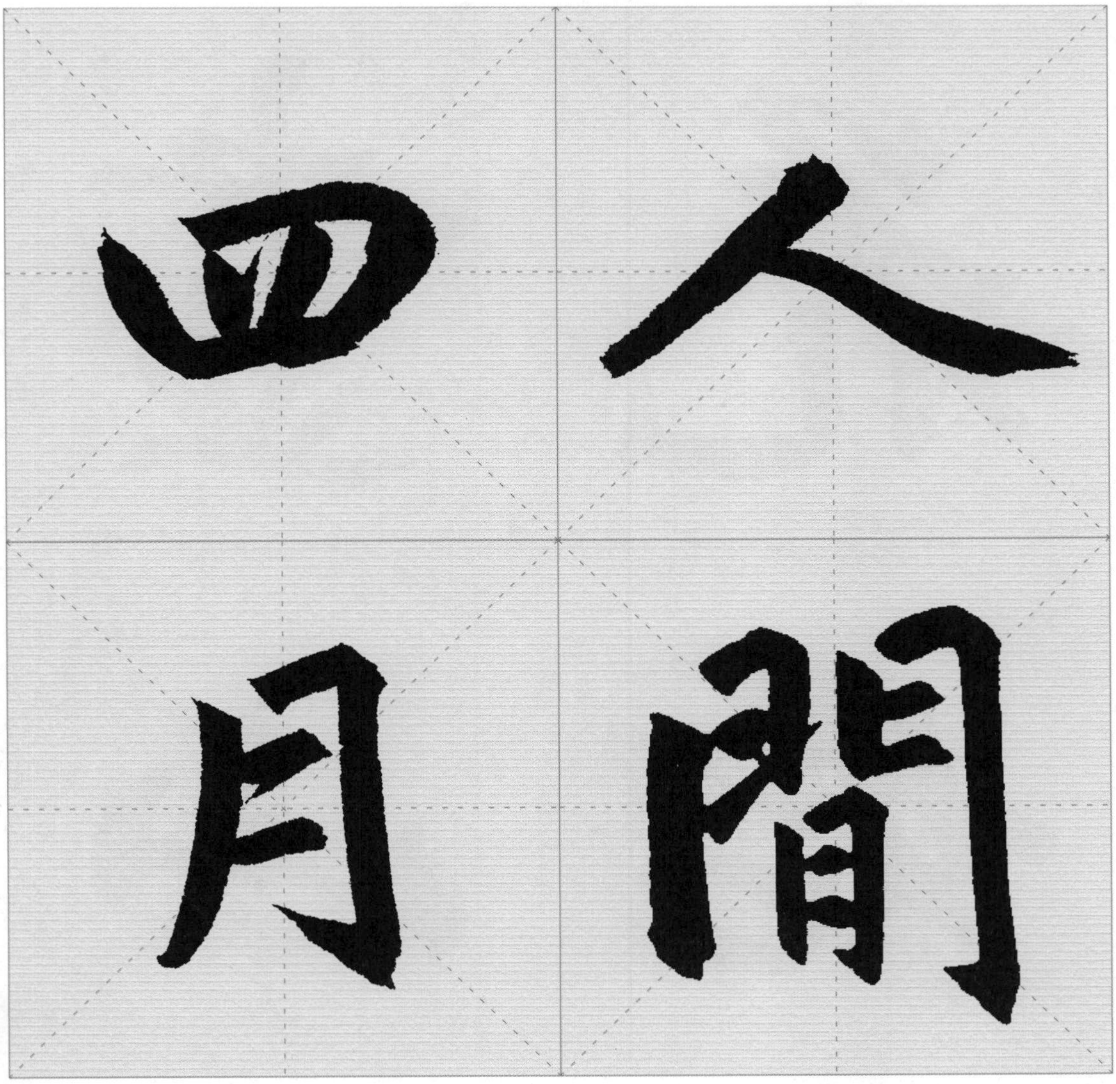
人間
四月

人间四月

芳菲盡山
寺桃花始

芳菲尽，山寺桃花始

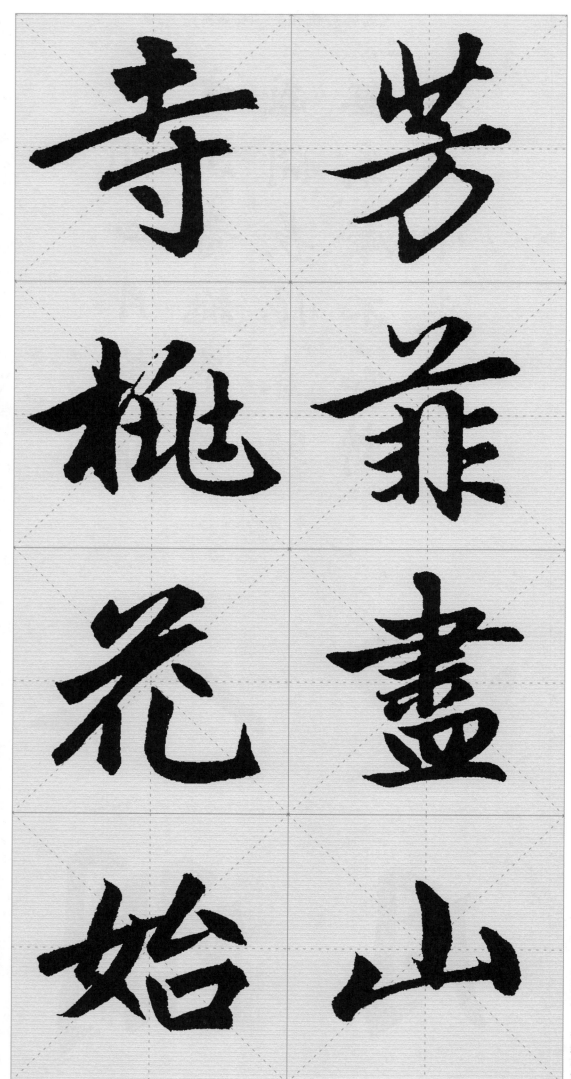

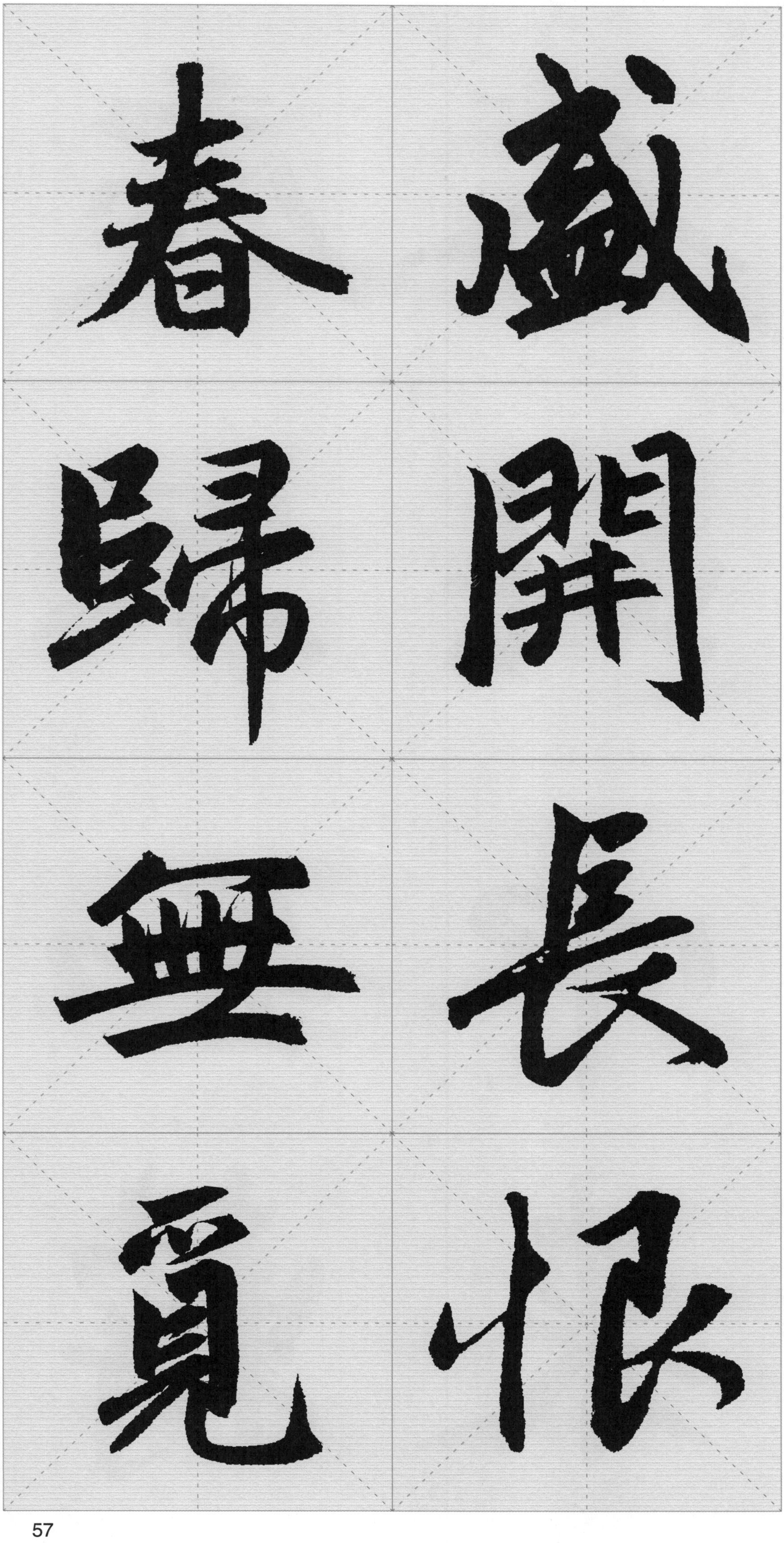

盛开。长恨春归无觅

處不知轉

入此中来

处，不知转入此中来。

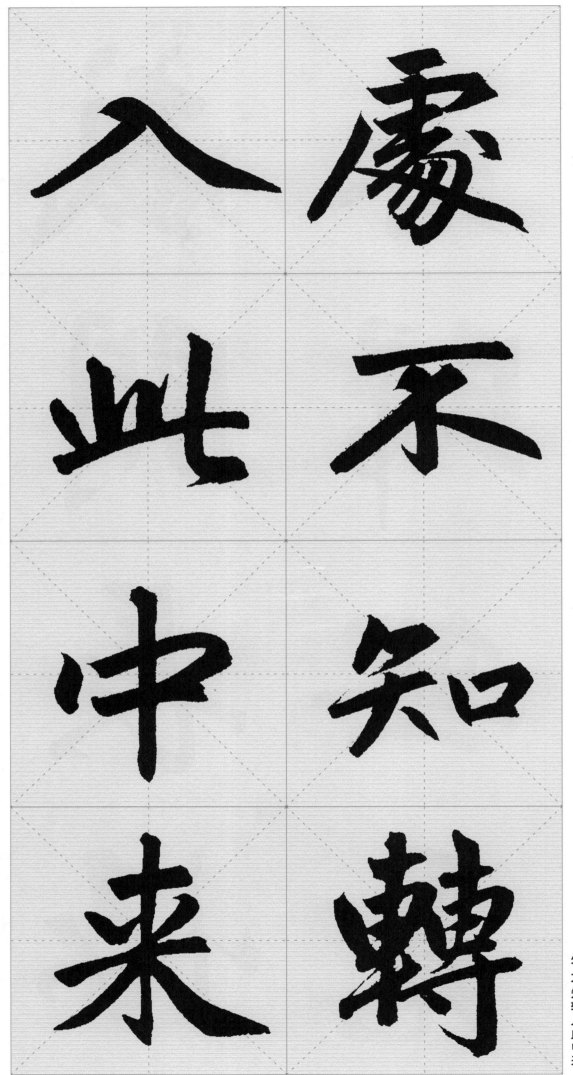

《登飞来峰》（王安石）

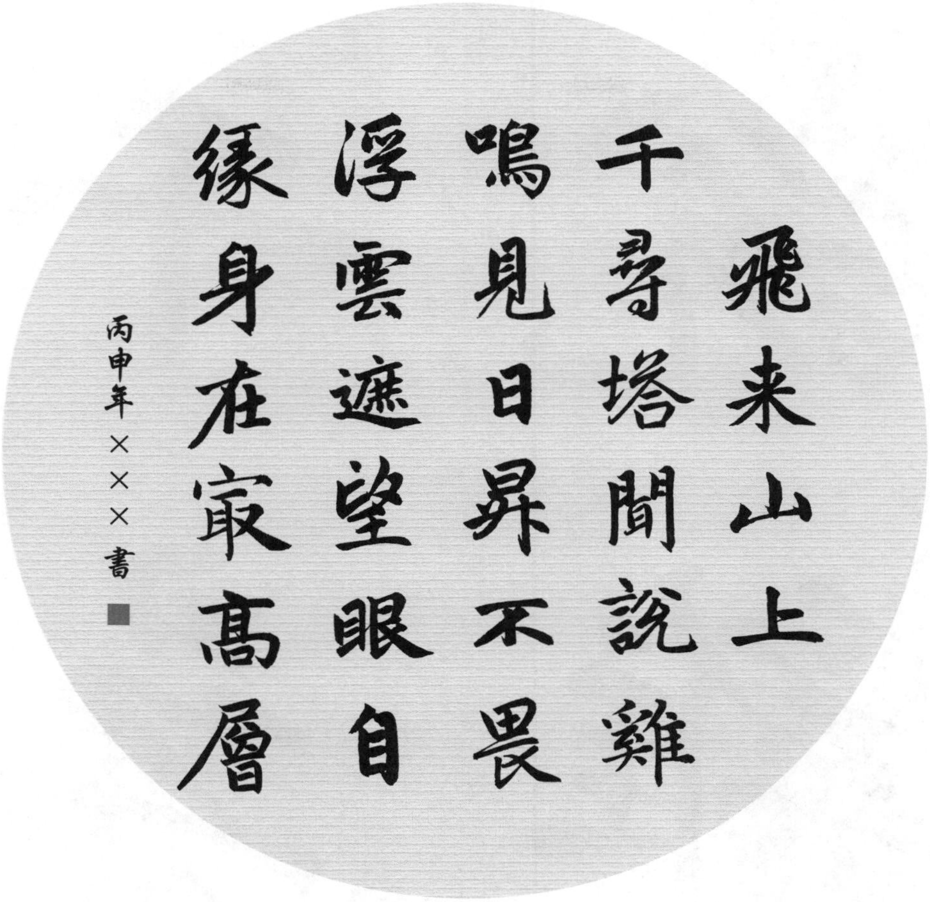
飛来山上千尋塔聞説雞鳴見日昇不畏浮雲遮望眼自緣身在最高層
丙申年×××書

扇 面

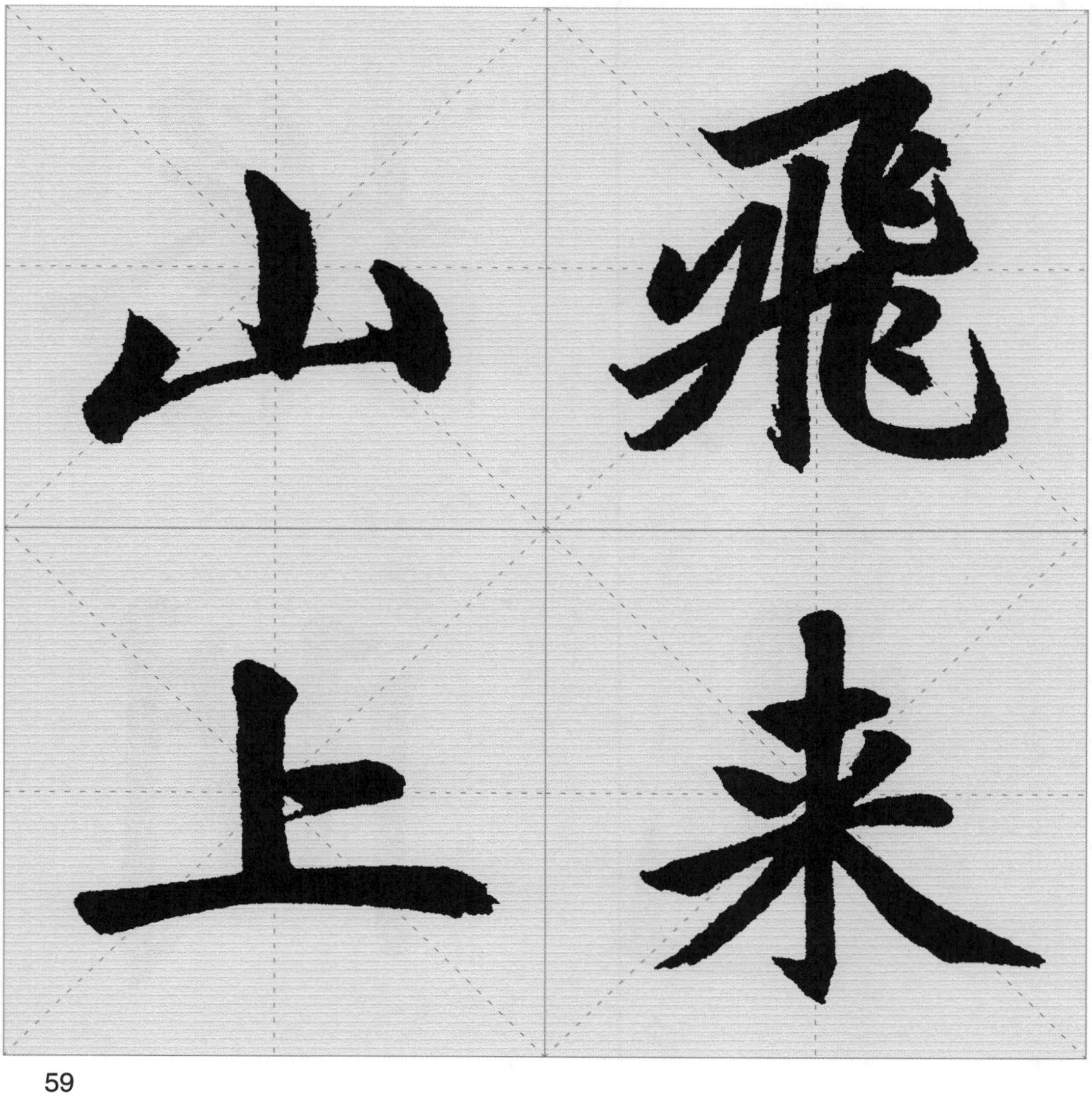
飛来山上

飞来山上

千尋塔聞
說雞鳴見

千寻塔，闻说鸡鸣见

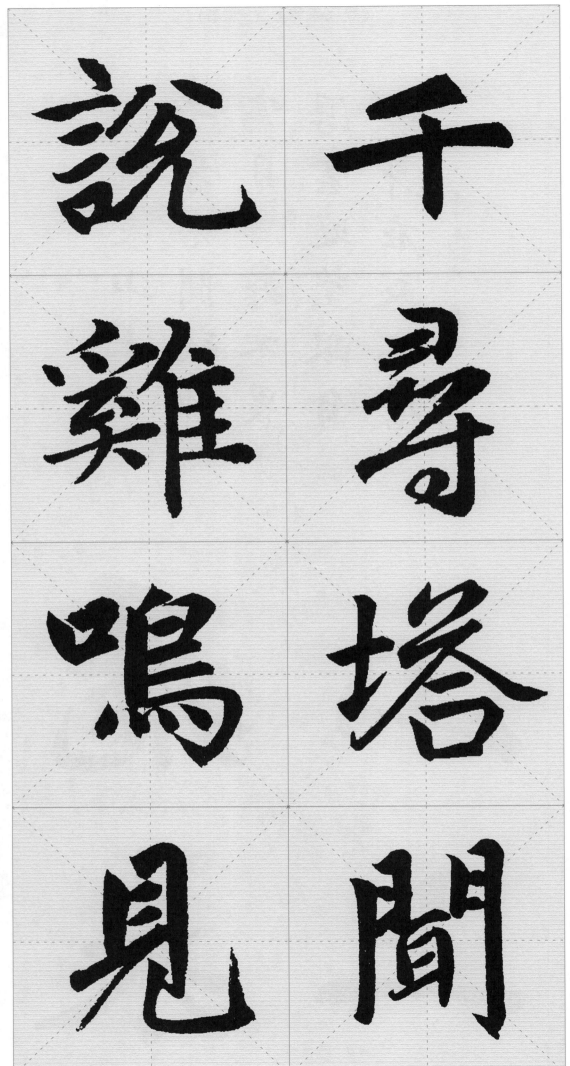

日昇不畏
浮雲遮望

日升。不畏浮云遮望

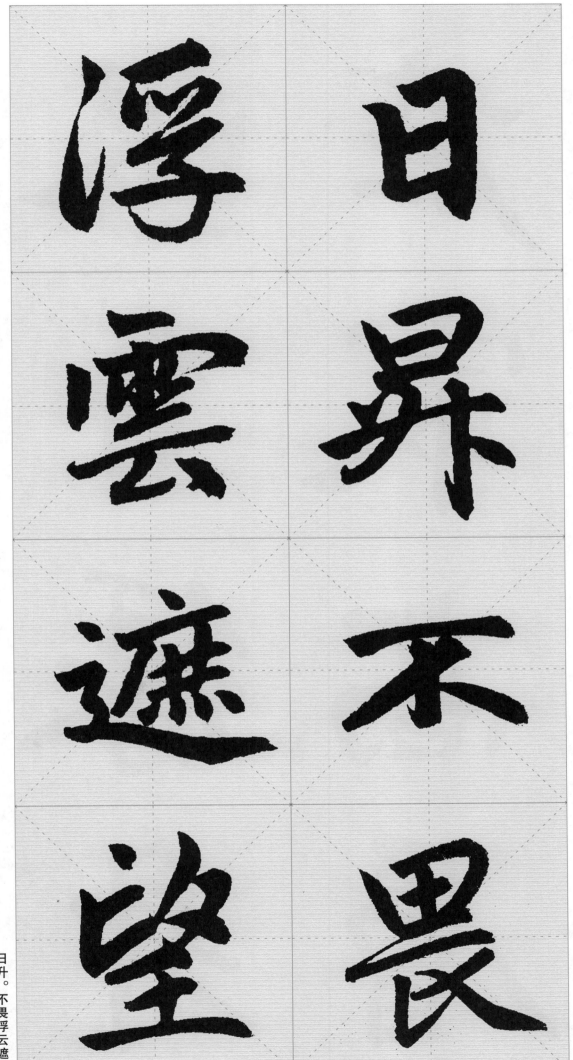

眼自緣身
在最高層

眼，自缘身在最高层。

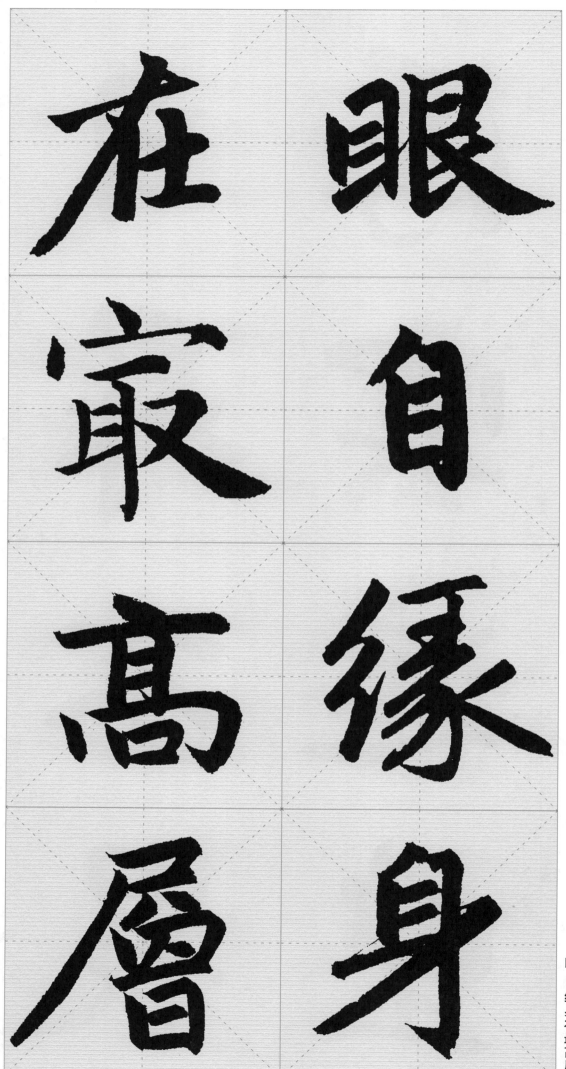

《观书有感》（朱熹）

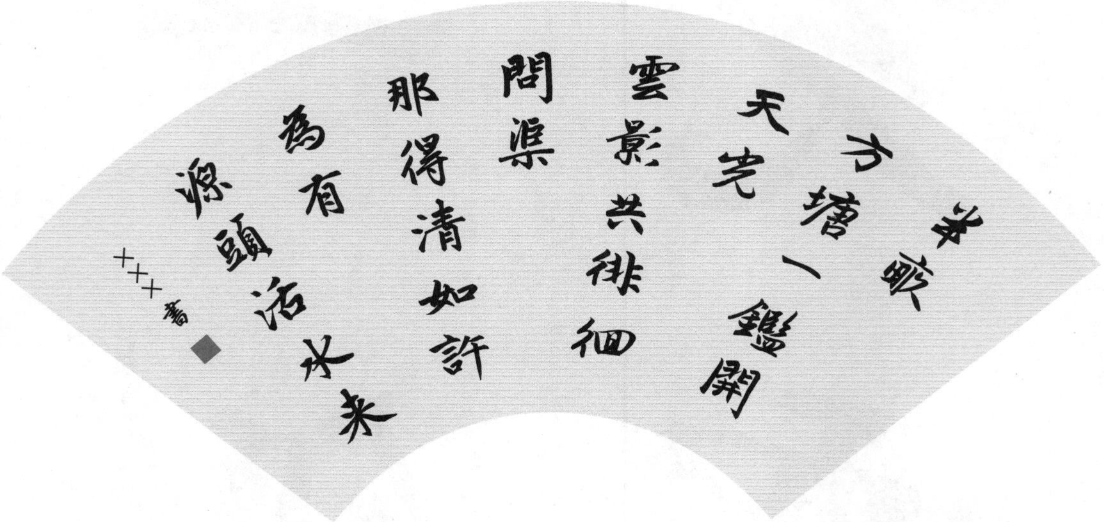

扇　面

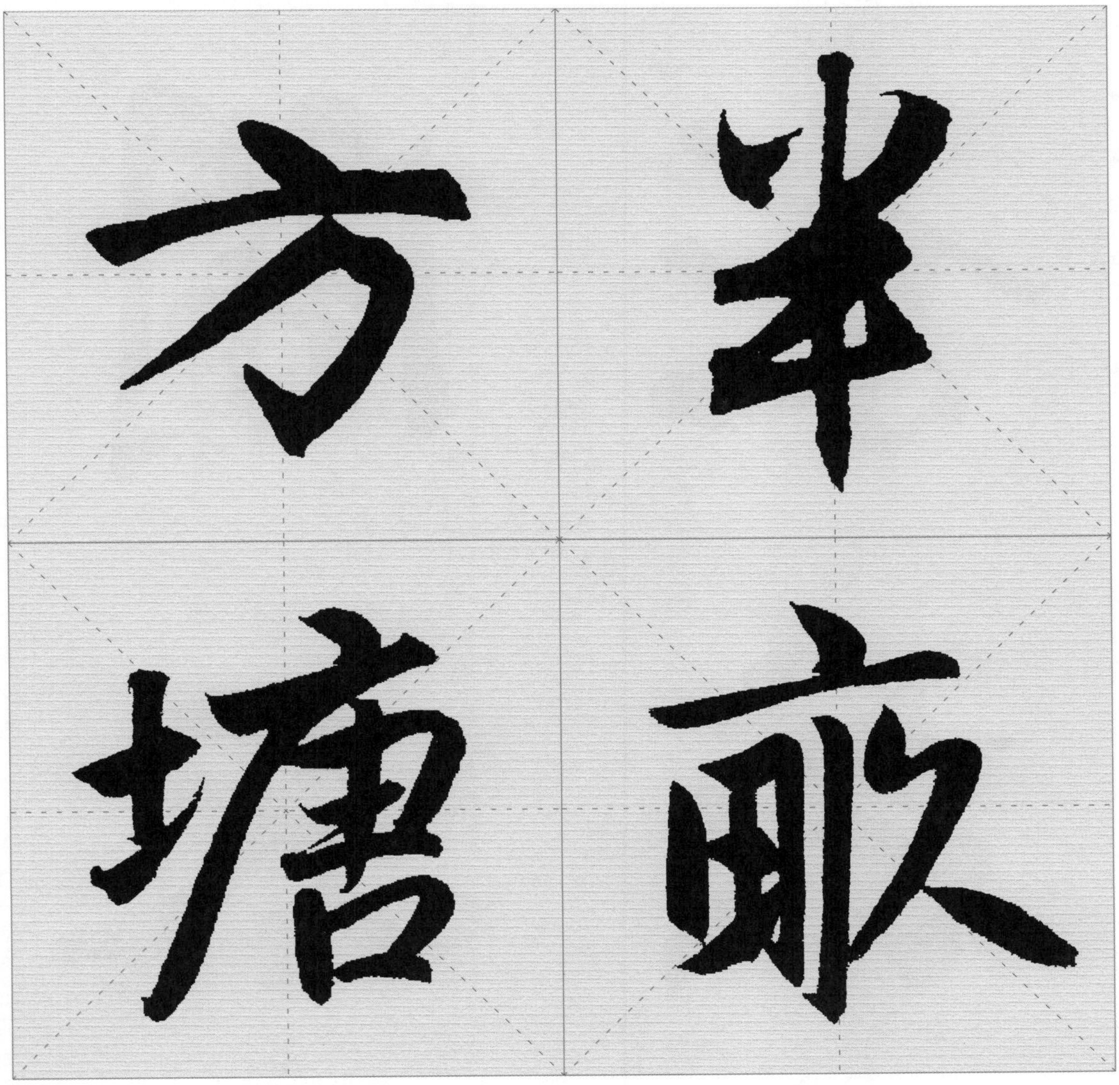

半亩方塘

一鑑開天
光雲影共

一鉴开，天光云影共

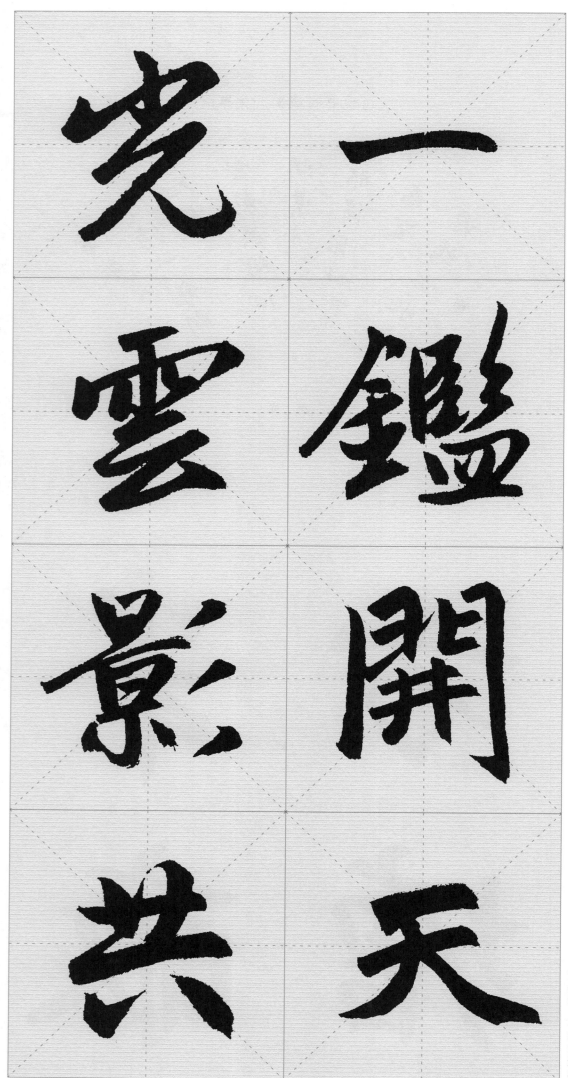

徘徊問渠
那得清如

徘徊。问渠那得清如

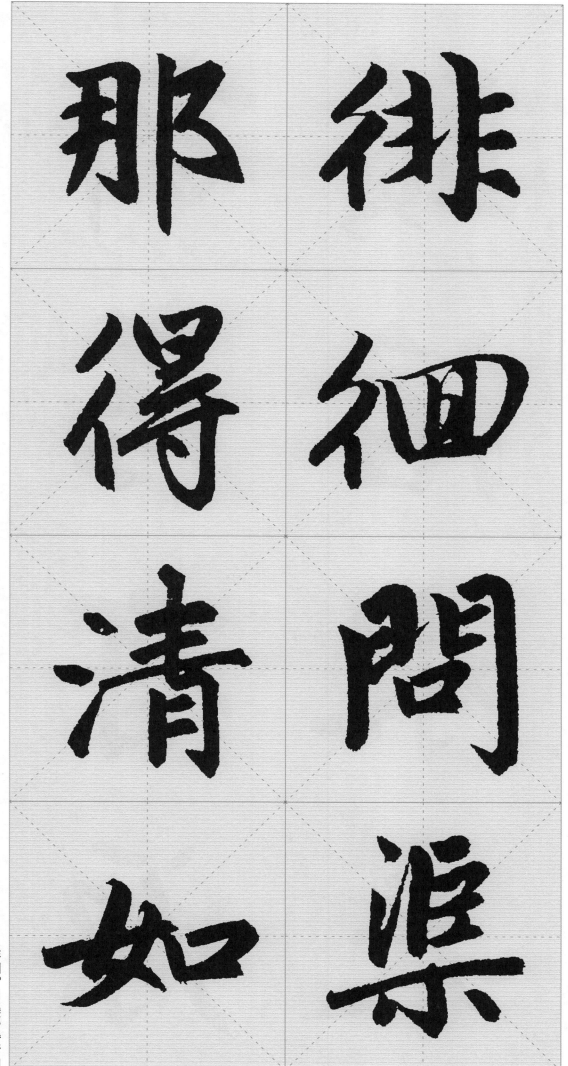

許爲有源頭活水來

许？为有源头活水来。

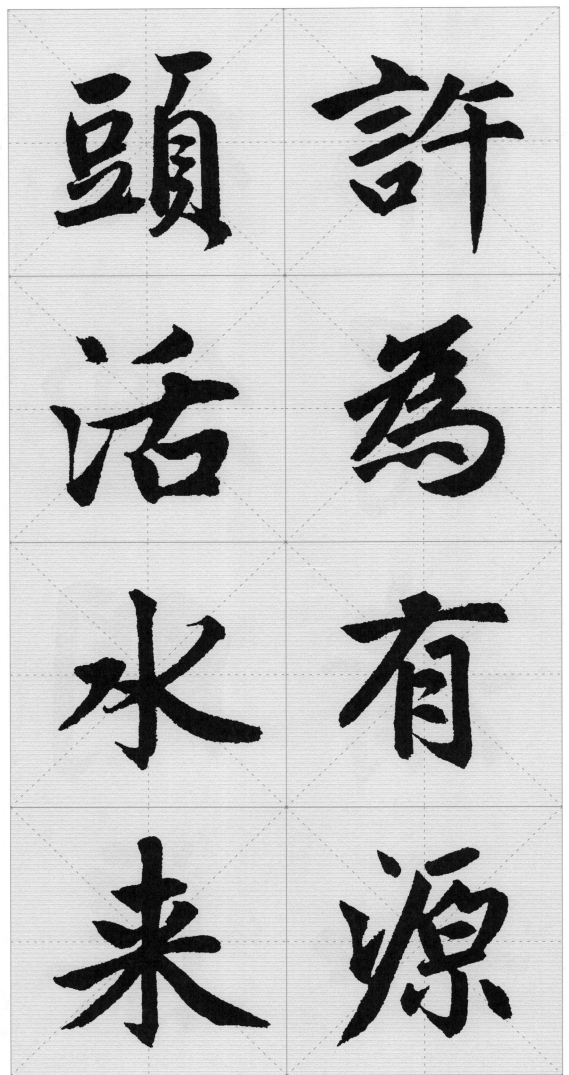

《望洞庭》（刘禹锡）

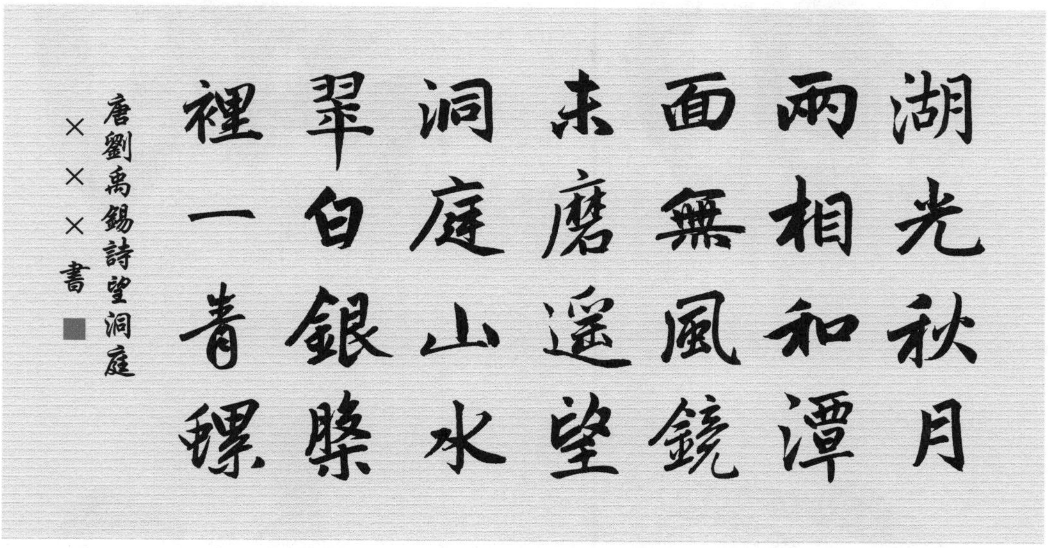
湖光秋月兩相和潭面無風鏡未磨遥望洞庭山水翠白銀槃裡一青螺
唐劉禹錫詩望洞庭
×××書

横　披

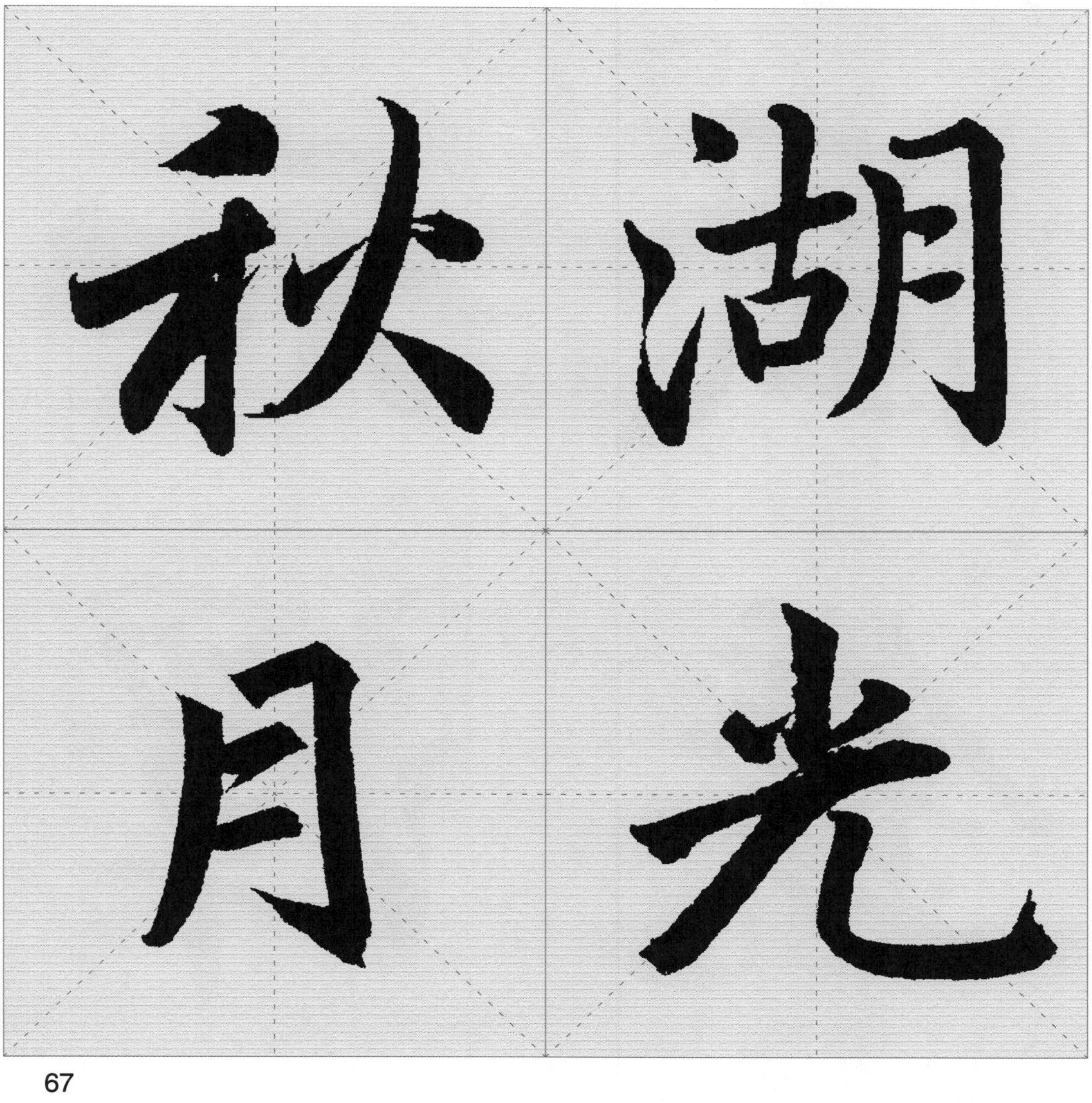
湖光秋月

湖光秋月

兩相和潭
面無風鏡

两相和，潭面无风镜

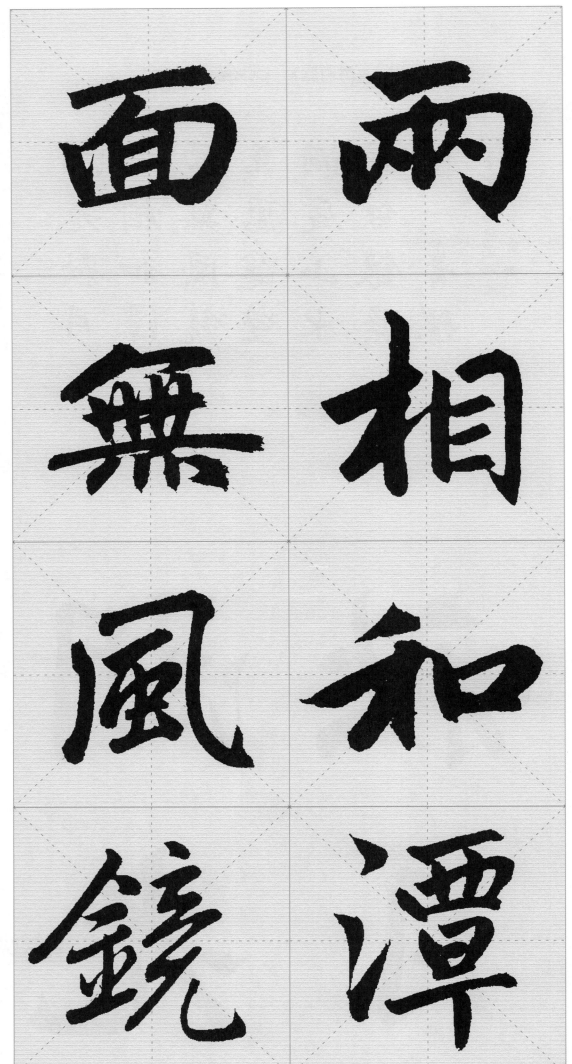

未磨遥望
洞庭山水

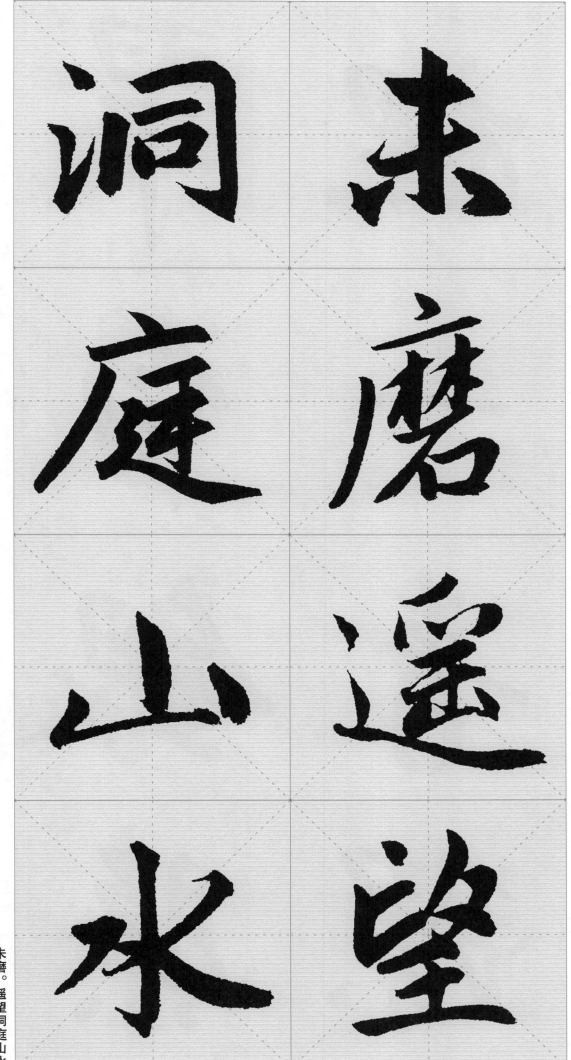

未磨。遥望洞庭山水

翠白銀槃
裡一青螺

翠，白银盘里一青螺。

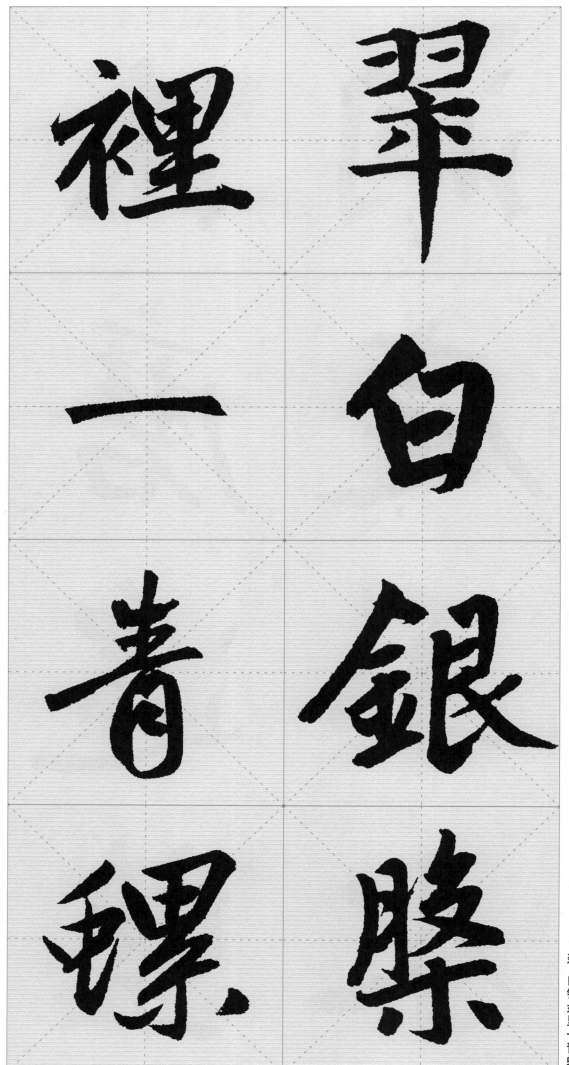

《赠汪伦》（李白）

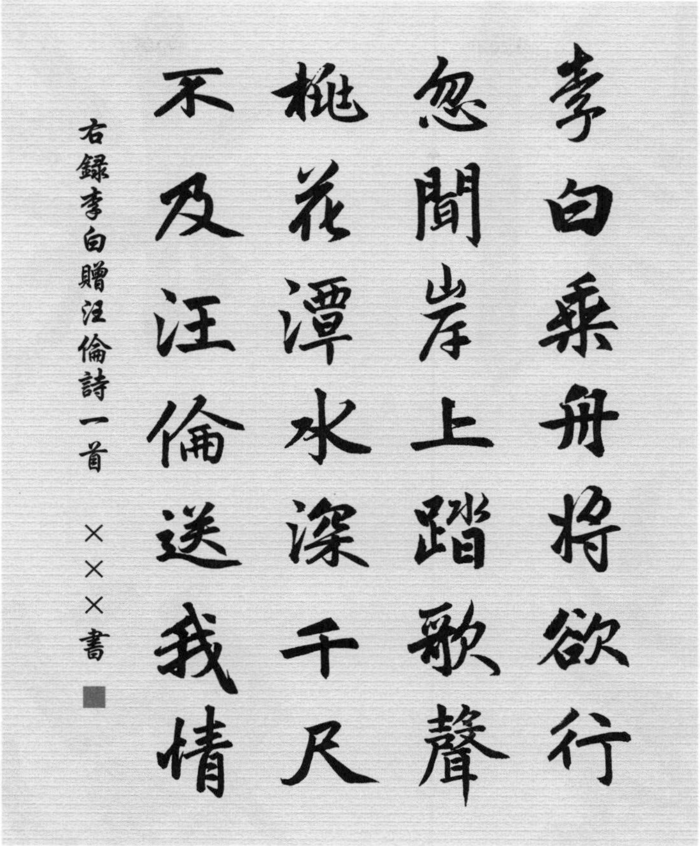
李白乘舟将欲行
忽聞岸上踏歌聲
桃花潭水深千尺
不及汪倫送我情
右録李白贈汪倫詩一首
×××書

中堂

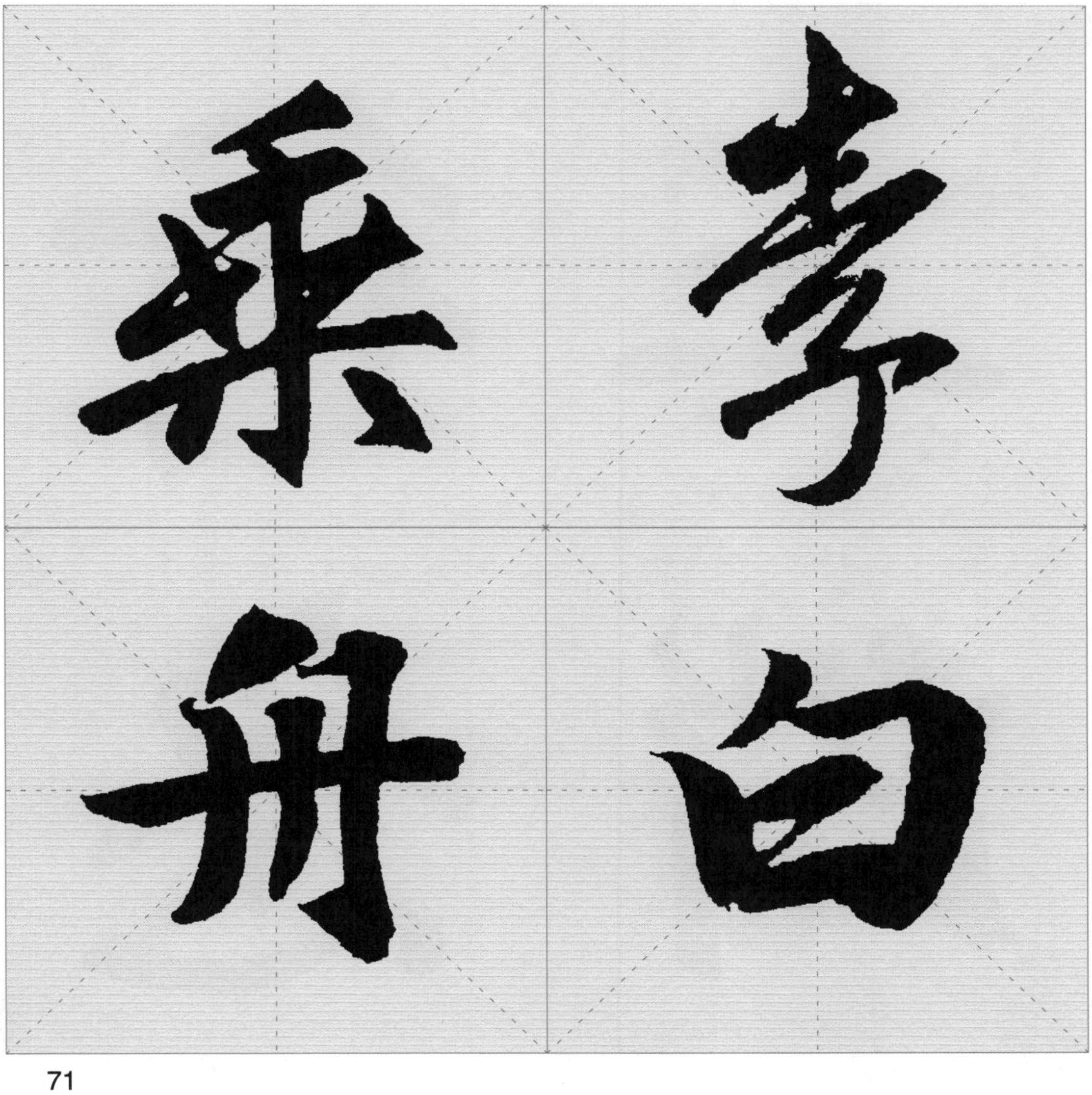
李
白
乘
舟

李白乘舟

將欲行忽
聞岸上踏

将欲行，忽闻岸上踏

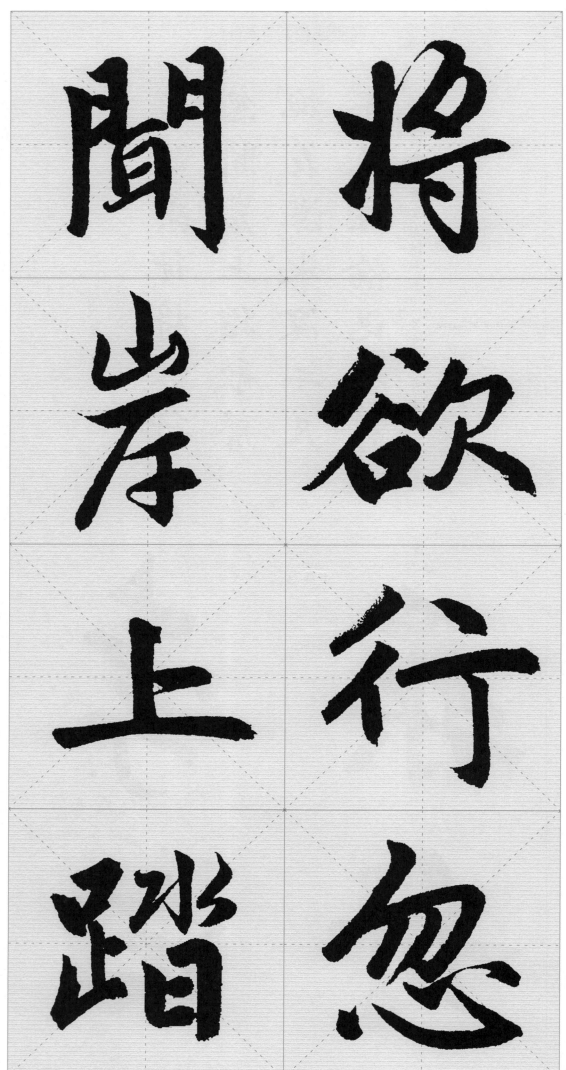

歌聲桃花
潭水深千

歌声。桃花潭水深千

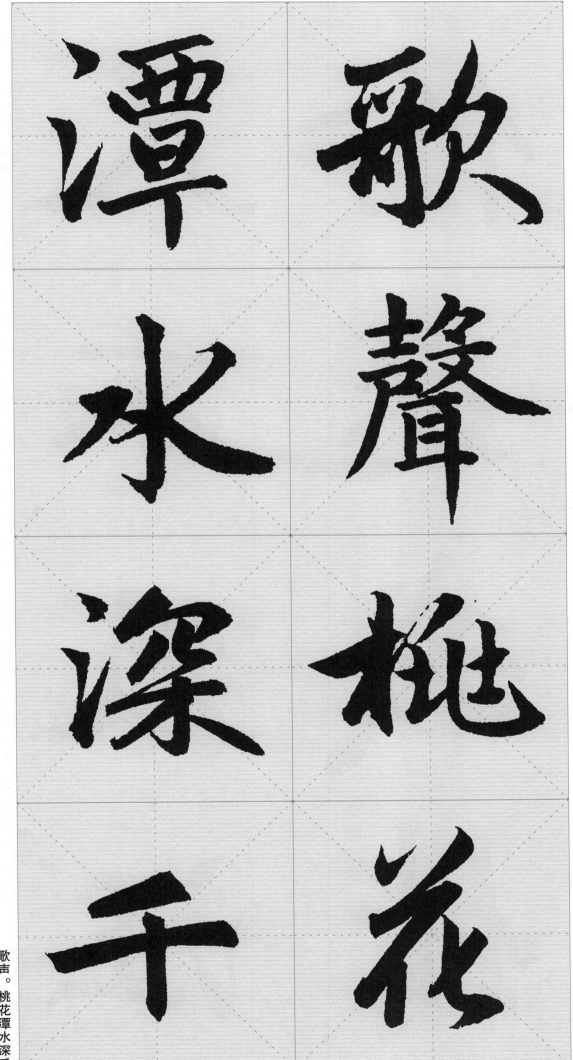

尺不及汪倫送我情

尺，不及汪伦送我情。

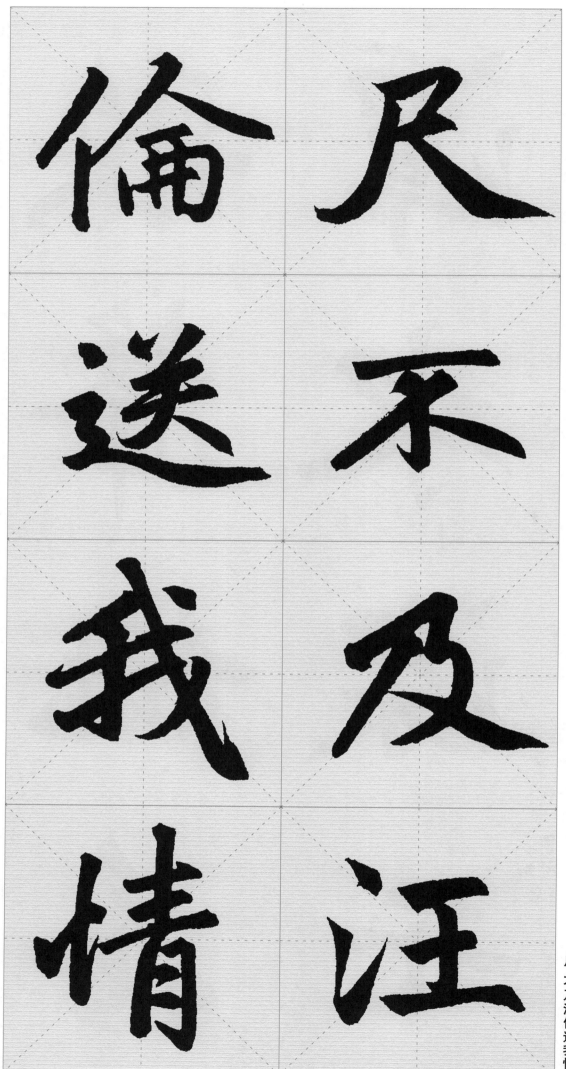

四十字作品

《望月怀远》（张九龄）

海上生明月天涯共此時
情人怨遙夜竟夕起相思
滅燭憐光滿披衣覺露滋
不堪盈手贈還寢夢佳期

丙申年夏録張九齡詩望月懷遠 ×××書

中 堂

海上生明
月天涯共

海上生明月，天涯共

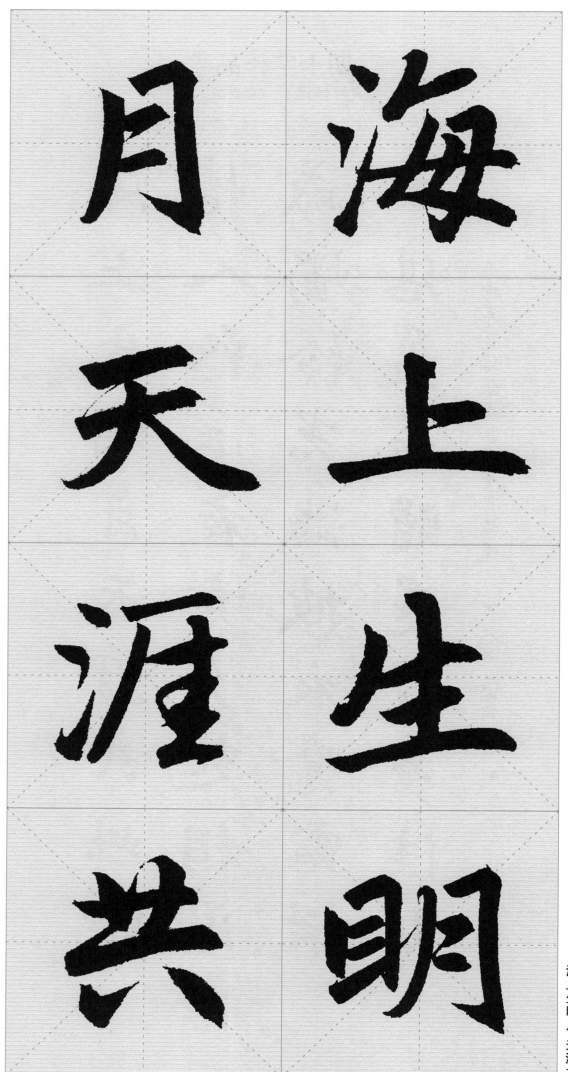

此時情人
怨遙夜竟

此时。情人怨遥夜，竟

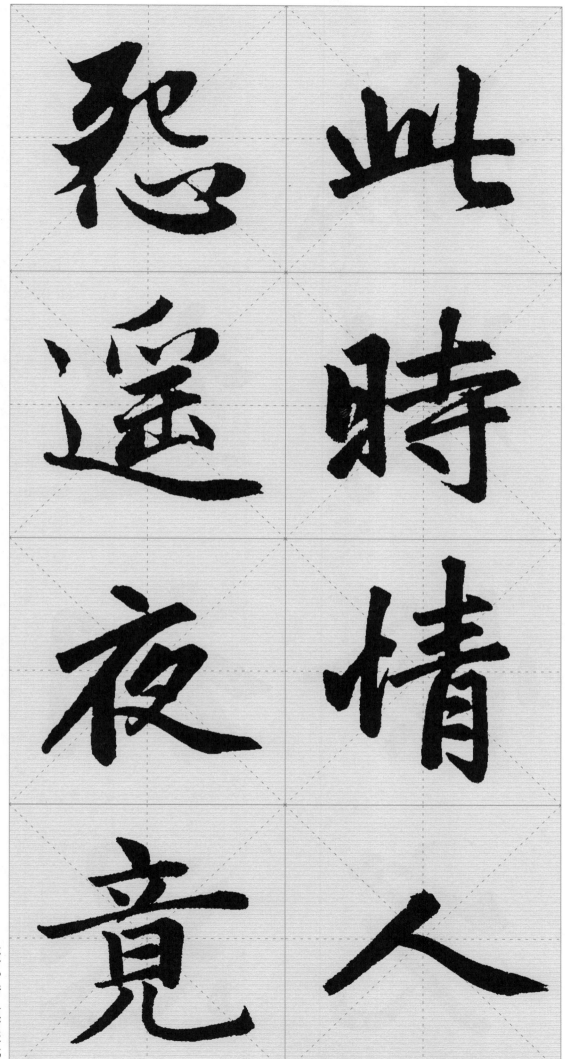

夕起相思

滅燭憐光

夕起相思。灭烛怜光

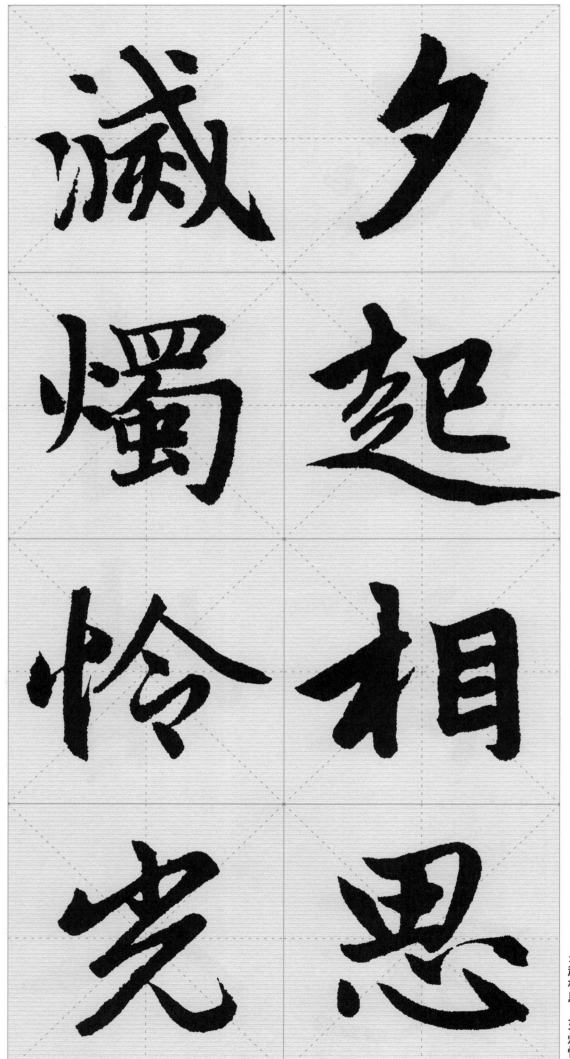

滿披衣覺
露滋不堪

满，披衣觉露滋。不堪

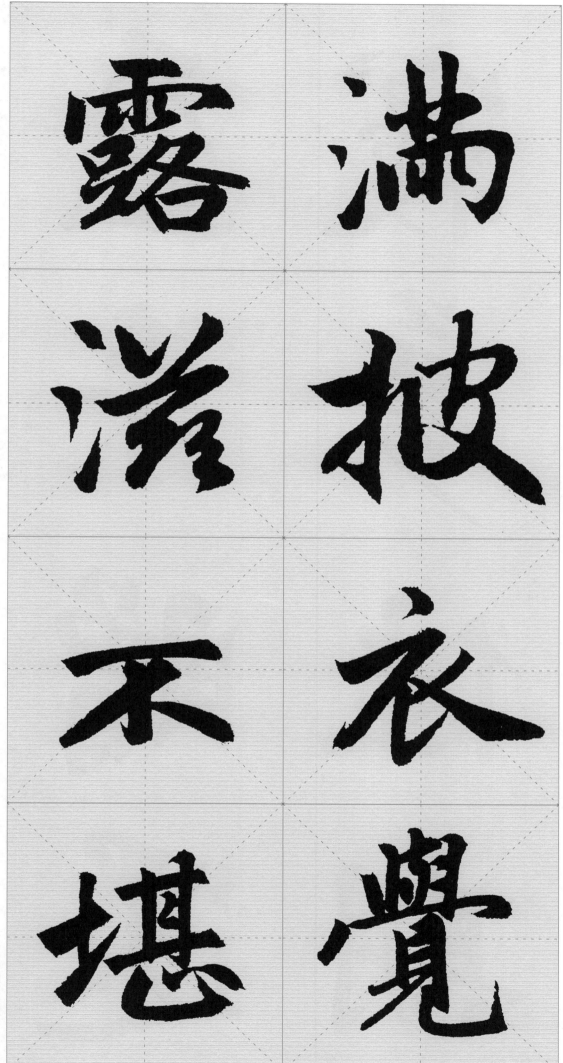

盈手贈還
寢夢佳期

盈手赠，还寝梦佳期。

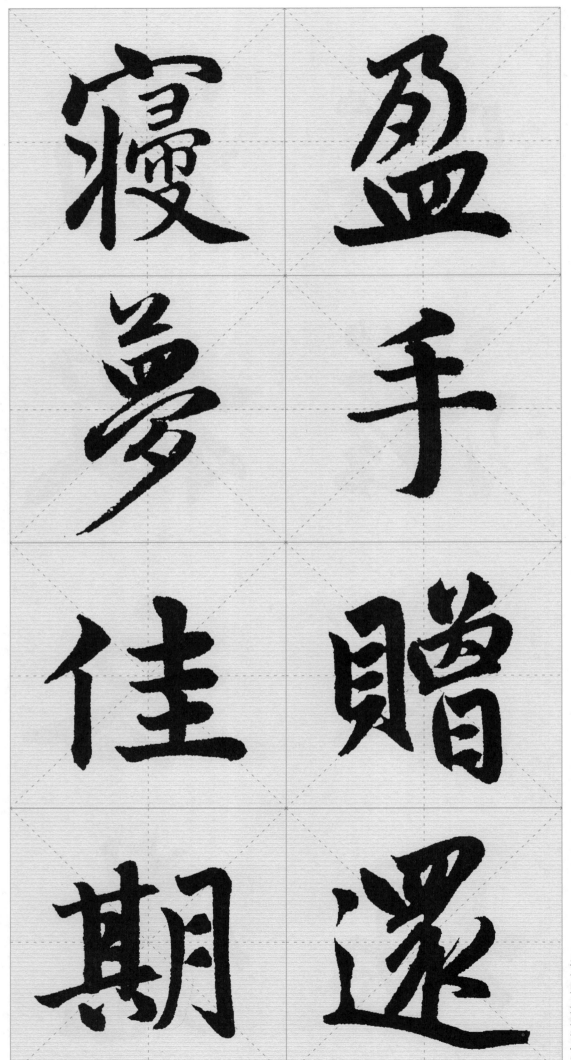